천천히, 서두르라!

라틴어로 배우는 인생

FESTINA LENTE

천천히, 서두르라!

라틴어로 배우는 인생

권혁상 지음

자유의길
Media Contents Group

차례

FESTINA LENTE

2부 라틴어로 배우는 인생

들어가며

내 삶을 조금 더 매력있게 만드는 법

조금 부끄럽지만 필자는 외국에서 유학을 마치고 귀국하자마자 구인구직 사이트에 '라틴어'를 키워드로 취업 자리를 검색한 적이 있다. 전공분야가 16세기 유럽의 역사와 신학이었기 때문에 라틴어를 할 줄 알았고 그래서 혹시 한국에 이 언어와 관련된 직업이 있을까 알아본 것이다. 그러나 기대와 달리 그런 일자리는 단 한 개도 검색되지 않았다. 솜니아somnia, 꿈, 환상라는 라틴어가 등장하는 침대 광고가 몇 개 검색됐을 뿐이다. 그때 나는 혼자 탄식했다. '나는 참으로 쓸모 없는 언어를 공부한 것인가!' 물론 요즘도 서양의 고전문헌을 제대로 연구하려면 라틴어를 할 줄 알아야 한다. 그러나 이것은 서양 고전학이나 신학을 전문적으로 공부하는 사람들에게 해당하는 이야기다. 어떤 사람들은 라틴어를 통해 서양의 지혜를 배우고 문명의 향취를 느낄 수 있다고도 말한다. 틀린 말은 아니지만 다소 막연한 표현이라 라틴어의 효용을 설명하기에는 부족할 것 같다. 라틴어의 효용에 대해서 이런 말밖에 할 수 없다는 것은 오히려 라틴어가 실제로는 별 쓸모 없는 언어라는 방증처럼 느껴진다.

하지만 사실 라틴어는 꽤 쓸모가 있다. 꼭 서양 고전학이나 신학, 법학 같은 어려운 학문을 공부하지 않는 사람에게도 라틴어는 실제적인 효용이 있다는 것이다. 일단 라틴어는 톱니바퀴처럼 복잡하고 정교한 문법체계를 갖고 있다. 명사라고 그냥 쓸 수 있는 게 아니라 그 문법적 성[남성, 여성, 중성]과 수[단수 혹은 복수]와 격[주격, 소유격, 목적격 등]에 따라 어미를 계속 바꿔가면서 써야 하며, 명사의 종류도 다양해서 그 종류별로 다른 양상의 어미 변화를 한다. 동사 또한 여러 종류가 있으며 인칭[1인칭, 2인칭, 3인칭]과 수[단수 혹은 복수]에 따라 다양하게 변화한다. 이런 내용들을 익히는 게 결코 쉬운 일은 아니지만 어느 정도 익숙해 지고 나면 정밀하고 체계적으로 사고하는 습관이 들여진다. 하나의 크고 정교한 사고의 틀이 머리 안에 탑재되는 느낌이랄까.

서양 역사를 통틀어 가장 탁월한 인물로 알려진 레오나르도 다 빈치[Leonardo da Vinci, 1452~1519]는 스스로 라틴어를 습득한 후 자신의 천재성을 온전히 발휘할 수 있었다고 알려진다. 라틴어의 특성을 생각할 때 이 언어를 학습한 것 자체가 다 빈치의 사고에 체계성과 분석력을 더해주었으리라고 짐작할 수 있다.

이러한 점은 라틴어가 우리에게 줄 수 있는 실제적인 효용이라고 할 수 있을 것이다.

하지만 단지 이런 효과만을 기대하며 라틴어를 배우려는 사람이 있을까? 앞서 언급했듯이 라틴어는 어렵고, 배울 수 있는 루트 또한 많지 않다. 가뜩이나 배우고 익히고 접할 것이 많은 세상에서 단지 사고력의 훈련을 위해 어려운 라틴어를 배운다는 것은 다소 가성비가 좋지 않은 일처럼 보인다. 시도하는 사람이 있다고 한들 아마 배우는 도중에 쉽게 지쳐버릴 가능성이 높다.

당연한 얘기이지만 이 멋지고 유용하기까지 한 라틴어를 습득하는 가장 좋은 길은 그것이 주는 재미에 흠뻑 빠져보는 일일 것이다. 사실 어떤 면에서 라틴어의 가장 큰 가치는 그 유희적인 면에 있다고 할 수 있다. 라틴어 문법체계가 복잡하기는 하지만 어느 정도 익숙해 지면 그 규칙에 맞게 문장을 읽어내는 재미를 느낄 수 있게 된다. 공들여 외운 사항들이 문장 안에서 서로 촘촘히 아귀를 맞추고 있는 모습을 볼 때 짜릿함과 뿌듯함을 느낄 수 있는 것이다. 그 복잡한 사항들이 사실은 정확한 의사전달을 돕기 위한 것이었음을 깨닫게 될 때는 일종의 감동마저 느끼게 된다. 물론 라틴어로 짧은 작문이라도 해내면 그 때의 쾌감 또한 이루 말할 수가 없다. 필자는 얼마 전 인터넷을 통해 스스로 라틴어 덕후라고 칭하는 친구를 만났는데, 그는 자신을 소개하면서 서양 중세 시기를 배경으로 한 어떤 컴퓨터 게임에서 라틴어를 처음 접한 후 매일 라틴어로 이런 저런 문장을 읽는 매니아가 되었다고 했다. 그것을 읽는 것 자체가 중세시대로 와있는 듯한 느낌을 준다는 말도 했다. 이렇게 라틴어로 진행되는 게임이 있고 라틴어 자체를 게임처럼 즐기는 사람들이 있다는 사실은 라틴어가 하나의 멋진 유희일 수 있다는 것을 상징적으로 보여준다.

아마도 라틴어가 주는 최고의 유희는 자신이 뭔가 멋있는 사람이 된 것 같은 기분일 것이다. 아모르 파티amor fati, 카르페 디엠carpe diem, 메멘토 모리memento mori 같이 우리가 흔히 접하는 라틴어 문구나 단어들의 의미를 정확히 알고 그것을 문법적으로 이해할 수 있을 때, 혹은 유럽 여행 가서 성이나 광장, 성당 벽에 새겨진 라틴어 문장을 띄엄띄엄 읽어내게 될 때, 자신이 마치 굉장한 특권을 소유한 사람처럼 느껴진다. 자신의 지적, 정신적 수준이 이전과는 완전히 달라진 것처럼 느껴지는 것이다. 물론 라틴어는 실제로 우리의 사유가 깊어지게 하는 면도 있다. 라틴어를 배울 때 흔히 접하는 문구들은 마치 고전 문학작품처럼 오랜 세월 살아남아서 그 생명력과 호소력을 증명한 문구들이다. 특히 유명한 라틴어 문장들은 현실 감각에서 남달랐던 고대 로마인들의 예리한 안목으로 가득 차 있다. 이렇게 인류의 오랜 사유와 통찰을 담고 있는 언어와 대화하는 일은 분명 우리의 내공과 매력에 어떤 영향을 미치고도 남음이 있을 것이다. 물론 우리가 라틴어를 할 줄 안다는 사실을 가지고 사람들 앞에서 너무 잘난 척하지만 않는다면 말이다.

이 책은 라틴어에 대한 다양한 이야기들과 함께 이 언어의 매력을 음미해 보는 책이다. 주로 우리가 일상 속에서 흔히 접하는 라틴어 단어나 문구들을 소재로 하여 라틴어의 특징적이고 주요한 문법사항들을 살펴 보며[1부], 이러한 기초적 지식을 바탕으로 유명 라틴어 문구나 문장에 담긴 옛사람들의 혜안을 살펴본다.[2부] 물론 라틴어 명문의 혜안을 나눈다는 것은 학문적으로 그 의미를 밝힌다기보다는 로마인들의 지혜에 대한 필자만의 감상을 나누는 것이라고 할 수 있다. 시중에서 쓸만한 라틴어 교재를 구하는 것은 어렵지 않지만 대개 각종 변화표들과 짧은 설명으로 구성된 책들이라 상당히 딱딱하게 느껴질 수 있다. 라틴어에 대한 흥미를 유도하기보다는 이미 라틴어를 배워야만 하는 사람들을 대상으로 그 문법 사항들만을 설명하는 책들이 대부분인 것이다. 그러나 이 책은 먼저 라틴어에 관한 흥미로운 내용들을 읽으면서 라틴어 기본 문법까지 익힐 수 있도록 구성됐다.

이 책에서 나누고자 하는 필자의 이야기는 전반적으로 '우리가 라틴어라는 언어를 통해서 어떻게 하면 보다 매력적인 인생을 살 수 있을까'에 대한 고민이다. 라틴어라는 매력적인 언어로부터 우리 삶을 좀 더 풍요롭게 만들어줄 수 있는 영감을 발견하고자 한 것이다. 라틴어에 대한 객관적인 지식을 얻는 일에 관심이 많은 독자들은 필자의 이러한 잡다한 소회들을 단순히 라틴어에 대한 사항들을 더욱 잘 기억할 수 있게 해주는 도구 정도로 생각하면 좋을 것 같다. 한 가지 강조하고 싶은 것은 이 책의 내용들이 라틴어의 문법사항들을 다 담아내지는 못한다는 점이다. 라틴어를 본격적으로 공부하고자 하는 분은 반드시 시중에 있는 라틴어 교재를 구해 이 책과 함께 공부하기를 바란다. 이 책은 본격적인 라틴어 공부로 입문하게 해주는 일종의 교량과도 같은 책이다.

라틴어에는 '고상함의 감별사 Arbiter elegantiarum' 라는 말이 있다. 주변에 있는 사람 중 자신의 품위나 취향의 문제에 관해 판단해 주고 조언해 줄 수 있는 사람을 그렇게 지칭한 것이다. 현실적이었던 로마인들에게도 품격과 고상함을 기르는 것이 하나의 관심사이자 즐거움이었던 것 같다. 아마도 이들이 추구했던 고상함은 고답적이거나 속물적인 고상함이 아닌, 당면한 현실을 중시하면서 이를 토대로 꽃피워내는 현실적인 고상함이었을 것 같다. 모쪼록 이 책이 세상을 좀 더 고상하고 매력 있게 살아가고자 하는 사람들에게 조금이나마 도움을 줄 수 있길 바란다.

라틴어 발음에 대하여

라틴어를 발음하는 방식에는 크게 스콜라 라틴어 방식(이탈리아식)과 고전 라틴어 방식(독일식)이 있다. 스콜라(스콜라schola는 학교라는 뜻)라틴어 방식은 중세시대 때 교회에 의해 표준화되어 학교 교육에 사용되던 발음 방식으로서 현재도 이탈리아 지역에서는 라틴어를 발음할 때 주로 이 스콜라 라틴어 방식을 따른다. 고전 라틴어 발음은 고대 로마 시기의 라틴어 발음을 그대로 재현하려는 취지 하에 르네상스 시대에 정립된 발음 방식으로 현재의 독일과 북부 유럽에서는 이 방식에 따라서 라틴어를 발음하는 경우가 많다. 필자의 생각에는 라틴어를 처음 배우는 단계에서는 좀 더 표준화가 잘 돼있는 스콜라 방식으로 배우고 보다 숙련되면 학습자의 기호와 목적에 따라 고전 방식을 추구하는 것이 좋은 것 같다. 물론 어느 한 쪽의 발음을 익혔다고 하여 다른 쪽 발음을 이해할 수 없는 것은 아니다.[1]

본 책에서는 가급적 스콜라 라틴어 방식을 따라 라틴어를 한글표기 하도록 하겠다. 스콜라 라틴어 발음은 영어 알파벳 발음과 크게 다르지 않다. (라틴어 알파벳 수는 영어 알파벳에서 w만 빠진 25개다) 주의할 것이 있다면 알파벳 c와 g는 뒤에 오는 모음에 따라 그 발음이 달라진다는 점이다. c의 경우 모음 e, i 앞에서는 우리말 "ㅊ"의 소리가 나며 모음 a, o, u 앞에서는 "ㅋ" 소리가 난다. "인구조사"를 의미하는 census는 "첸수스"라고 발음하며 "죄, 과오"를 뜻하는 culpa는 "쿨파"로 발음하는 것이다. g도 역시 모음 e, i 앞에서는 우리말 "ㅈ" 소리가 나며 모음 a, o, u 앞에서는 "ㄱ" 소리가 난다. 즉, "민족"을 의미하

1 여전히 그 중요성과 가치를 인정받음에도 불구하고 현대 세계에서 라틴어가 일상 속 의사소통의 언어로 사용되는 경우는 거의 없다. 로마 가톨릭교회의 교황이 있는 바티칸 시국이 라틴어를 공용어로 사용하지만 그 또한 주로 공공문서 등에서 사용된다는 것이고 일상 대화에서는 라틴어가 아닌 이탈리아어를 쓴다.

는 gens는 "젠스"라고 하며 "미각"을 의미하는 gustus는 "구스투스"라고 발음한다. t의 경우 "ㅌ"로 발음하지만 뒤에 i가 올 경우 "ㅅ"처럼 발음하기도 하며, 라틴어 알파벳 j는 그냥 i와 똑같이 "이"로 발음하고 쓸 때도 그냥 i로 대체해 쓰기도 한다.

1부

일상에서 만나는 라틴어

FESTINA LENTE

Thema I

라틴어는 그리움이다

라틴어 남성 명사

에쿠우스Equus라는 고급 자동차의 이름이 라틴어로 "말horse"을 의미한다는 것은 어느 정도 알려진 사실이다. 도로를 달리는 자동차의 이름이 들판을 질주하는 동물인 '말'인 것이다. 사실 그냥 말이라고 하면 고급세단의 이름으로는 좀 어울리지 않는 것 같다. 동물의 이름보다는 좀 더 고급스러운 의미를 가진 이름이 더 잘 어울리는 것 아닐까. 그러나 말에도 여러 종류와 등급이 있다. "equus"는 단순히 말을 의미하기도 하지만 우수한 형질을 가져 번식용으로 쓰이는 종마種馬, 특히 전쟁에서 사용되는 전차마나 위풍당당한 군마를 지칭하는 말이기도 하다. 아마 이 자동차의 제작자들은 후자의 의미를 염두에 두고 그런 이름을 붙였을 것이다. 물론 에쿠우스라는 단어 자체가 발음했을 때 멋있게 들린다는 사실도 그런 이름을 붙이

그림으로 보는 라틴어

게 된 이유 중 하나였을 수 있다. 그러고 보면 80년대 국산 자동차인 스텔라Stella, 그리고 외국차종인 볼보Volo, 아우디Audi 등도 다 라틴어에서 온 이름을 갖고 있다. 스텔라는 "별star"이라는 의미의 라틴어 stella를 차용한 이름이다. 영화의 이름으로 잘 알려진 인터스텔라interstella, 성간라는 말도 이 단어에서 비롯된 것이다. 볼보Volo라는 차이름은 "구르다, 달리다"라는 라틴어 동사 volvo에서 온 이름이며, 아우디 또한 "듣다"라는 라틴어 audio의 명령형인 audi를 가져와 붙인 이름이다. 독일어로 "듣다"라는 의미를 가진 회사 창시자의 이름 Horch를 라틴어로 번역한 것이라고 한다. 우리가 음악을 듣는 오디오 또한 같은 audio에서 파생된 말이니 아우디라는 차이름과 오디오라는 단어가 같은 어원을 갖는 셈이다.

앞서 equus가 말horse을 의미한다고 했는데, 라틴어에서는

"말"을 언제나 equus라고 쓸 수 있는 건 아니다. equus는 "말, 말이" 라는 주격의 의미만을 갖는다. 소유격으로 "말의"라고 하려면 equi라고 해야 하며, "말에게"여격라고 하려면 equo, "말을"목적격이라고 하려면 equum, "말로서"탈격라고 하려면 equo라고 해야 한다. "equ-" 다음에 오는 어미語尾들이 다르다는 것을 볼 수 있을 것이다. 이렇게 단어 자체가 그 모습을 바꾸면서 문법적으로 기능 하는 것을 "굴절屈折"이라고 하는데 바로 라틴어가 대표적인 굴절 언어인 것이다. 따라서 라틴어를 배울 때는 명사들이 그 종류에 따라 굴절되는 양상특히 그 어미가 변화되는 양상을 끊임없이 익혀야 한다. 이것은 물론 번거로운 일이지만 이 양상들에만 익숙해지면 생각보다 금세 이 언어와 친해질 수 있다. 방금 본 equus의 어미변화를 익히는 것만으로도 라틴어와 친해질 수 있는 발판이 마련되므로 이 자리에서 한번 외워보자.순서대로 equus말이 -equi말의 -equo말에게 -equum말을 -equo말로 물론 이것은 주어가 "말"이라는 단수일 경우이고, 주어가 복수로 "말들"일 경우에는 또 다른 어미들을 갖는다. 각주의 표를 보면서 복수형의 변화까지 익혀버리자.[2] 입으로 반복해서 읽어야 한다.

---

2 equus(말)의 변화표

	단수	복수
주격	equ**us** 말이	equ**i** 말들이
소유격	equ**i** 말의	equ**orum** 말들의
여격	equ**o** 말에게	equ**is** 말들에게
목적격	equ**um** 말을	equ**os** 말들을
탈격	equ**o** 말로	equ**is** 말들로

고맙게도 정말 많은 라틴어 단어들이 방금 본 equus와 똑같은 방식으로 변화한다. 우리에게 익숙할 법한 말들만 보자면 "친구"를 의미하는 아미쿠스amicus,[3] "신, 하나님"을 의미하는 데우스deus, "해, 년年"을 의미하는 안누스annus, "마음영혼"이라는 의미의 아니무스animus, "학생"을 의미하는 알룸누스alumnus, "주인, 주님lord"을 의미하는 도미누스dominus, "학생, 제자"를 의미하는 디쉬풀루스discipulus, "남편"을 의미하는 마리투스maritus, "아들"을 의미하는 필리우스filius와 같은 것들이 있다.[4] 이 명사들은 다 equus처럼 단수 주격의 어미가 -us이고, 단수 소유격의 어미가 -i인 명사들로서 equus와 똑같이 변화한다. 즉 "친구가"라고 하면 amicus, "친구의"라고 하면 amici, "친구에게"는 amico, "친구를"은 amicum, "친구로" 는 amico인 것이다. 한번 방금 배운 단어들을 가지고 "친구의 마음"이라는 표현을 라틴어로 말해 볼까? "친구amicus"는 소유격으로, "마음animus"은 주격으로 써야한다.[5]

방금 본 명사들은 엄청나게 자주 등장하는 명사들이므로 이 자리에서 외워두면 두고두고 편리할 것이다. 물론 단어만 외울 뿐 아니라 그 변화 형태를 익혀야 제대로 공부하는 것이

---

3 스페인어로 "친구"라는 뜻의 "amigo(아미고)"가 여기서 나왔다.

4 그리스도의 탄생을 기준으로 해서 그 이전인 "기원전"을 B.C.(Before Christ)라고 하고 그 이후인 "기원후"를 A.D.라고 하지 않는가? 여기서 A.D.란 anno domini를 줄인 표현으로서 이것은 "주님의 년도로" 즉, 년도로(anno)+주님의(domini)라는 의미다.

5 정답은 animus amici (혹은 amici animus)

니 재미삼아 배운 단어들을 가지고 격변화를 시켜 보자.[6] 라틴어에서는 편의상 이러한 명사들단수 주격 -us, 단수 소유격 -i을 대부분 "남성형 명사"로 분류한다. 라틴어 명사에는 남성 명사, 여성 명사, 중성 명사가 있는데 그 중에서 첫 번째 종류인 것이다.

드물기는 하지만 단수 주격의 어미가 -us이면서도 방금 본 명사들과는 다르게 변화하는 명사들도 존재한다. 따라서 라틴어 명사를 공부할 때는 반드시 단수 주격형과 소유격형특히 소유격의 어미을 함께 기억해야 한다. 그래야 이것이 어떤 식으로 변화하는 명사인지 분명히 알 수 있기 때문이다.

라틴어에서 가장 중요한 내용을 배웠으니 문법은 일단 여기까지만 하고 다시 자동차 얘기로 돌아가 보자. 사실 이런 차이름들equus, volvo 등은 딱히 정보적이라고 할 수 없다. 자동차가 말같이 달리는 것인 줄 모르는 사람은 없을 것이기 때문이다. 그렇다면 이 차들의 제작자들은 왜 이렇게 생소한 라틴어를 사용하여 차이름을 지었을까? 아마 단순히 멋있게 보이게 하려고 그랬다는 것이 가장 적절한 추측일 것 같다. 우리 집에 첫 자동차가 생겼던 초등학교 1학년 당시의 어느 날을 잊지 못한다. 아버지가 흐뭇한 웃음을 지으며 나와 내 동생을 불러내 새 차 냄새 가득한 차에 태워 아파트 단지 주위를 몇 바퀴 도셨던

---

6 예) alumn**us**학생이, alumn**i**학생의, alumn**o**학생에게, alumn**um**학생을, alumn**o**학생으로, alumn**i**학생들이, alumn**orum**학생들의, alumn**is**학생들에게, alumn**os**학생들을, alumn**is**학생들로.

그날을 말이다. 차는 필요에 의해 구입하는 실용품이지만 동시에 심리적 만족을 크게 줄 수 있는 일종의 기호품이기도 하기에 차를 만들 때는 멋스러움을 가미하는 게 중요하다. 특히 고급 세단들의 경우에는 그 고급스러운 이미지를 효과적으로 부각시키는 게 중요하다. 위에 언급한 차들의 제작자들은 차이름으로 라틴어를 사용하여 그런 효과를 내고자 한 것이다. 확실히 한문을 잘 아는 사람이 유식하고 지적으로 보인다면, 서양의 고전어라고 할 수 있는 라틴어를 할 줄 아는 사람은 그런 사람을 주위에서 발견하는 것은 쉽지 않지만 유식한 것을 넘어서 뭔가 멋스럽고 고상하게 보인다.

사실 라틴어를 사용했던 고대 로마인들은 상당히 현실적인 세계관을 지녔던 사람들이었다고 알려져 있다. 그들은 추상적인 철학이나 사변을 추구하기보다는 인간의 필요를 채우는 실제적인 제도와 문물을 만드는 일에 몰두했다. 그런데 세월이 흘러 이들이 쓰던 언어와 문화가 우리에겐 멋스러운 것의 상징처럼 돼 버린 것이다. 여기에는 여러가지 이유가 있을 수 있지만 기본적으로 먼 과거의 언어라는 인식이 라틴어를 멋있게 보이도록 하는 게 아닐까 한다. 여전히 다양한 학문 분야에서 사용되고 그 교육적 효용까지 인정되지만, 기본적으로 라틴어는 고대와 중세의 언어라는 이미지를 갖고 있다. 아득히 먼 서양의 언어, 그것도 먼 옛날의 언어라는 인식이 라틴어를 멋있게 보이도록 하는 것 아닐까? 영국의 문필가 루이스C. S. Lewis는 인간을 그리움의 존재라고 보았다. 인간은 명확히 알 수 없는 어떤 곳이나, 어떤 존재를 향한 그리움과 갈망 속에서 살아가는 존재라는 것이다. 이런 이유 때문인지 우리는 라틴어처럼 아득히 먼 과거의 향취를 가진 것에서 설명할 수 없는 매력을 느낀다.

얼마 전 홍콩에 사는 필자의 여동생이 오랜만에 한국을 방문해서 학창 시절 친구들을 만나 서울 근교에서 하루 종일 놀다 왔다. 동생은 친구들과 함께 피자집에서 마르게리타 피자margherita pizza를 먹고 테라로사Terarosa라는 카페에 다녀왔다고 한다. 마르게리타는 "진주pearl"를 의미하는 라틴어 "margarita마르가리타"에서 온 이름이다. 실제로 피자에 진주가 박힌 것은 아니고 그런 심플한 종류의 피자를 좋아했던 마르게리타라는 왕비의 이름을 따서 이름을 그렇게 지었다고 한다. 카페 이름인 테라로사는 "붉은 땅"을 의미하는 이탈리아어 "terra rossa"에서 나온 말로 이것도 라틴어 "terra땅 russa붉은"에서 유래한 명칭이라고 할 수 있다.커피 재배에 알맞은 땅이 붉은 색이라고 한다. 물론 동생과 그 친구들이 이러한 의미 때문에 그런 곳들에 다녀왔을 리는 없다. 그들은 그저 라틴어가 주는 은근한 멋스러움을 누리고 온 것일 뿐이다. 이렇게 라틴어는 의외로 우리 삶의 구석구석에 스며서 우리를 즐겁게 해주고 있다.

그림으로 보는 라틴어

진주 Pearl

마르게리타 피자 Margherita pizza

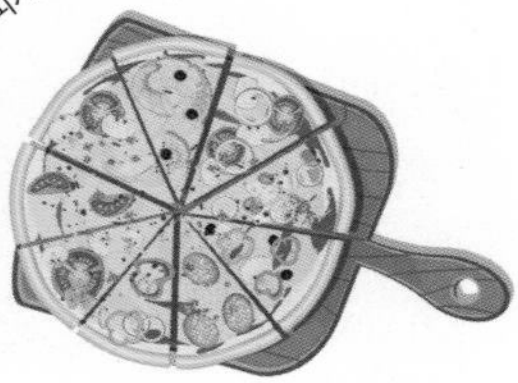

붉은 땅 Terarosa

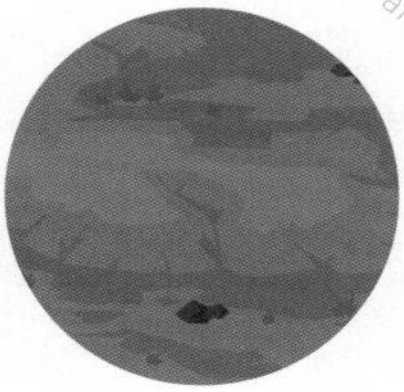

커피 Coffea

함께 보기

남성 명사의 특수 형태

위에서 equus와 같은 라틴어 남성 명사들과 그 변화 형태를 보았는데 간혹 이러한 명사들 중 단수 주격이 -us가 아닌 -er로 끝나는 것들이 있다. 이를테면 "소년"을 의미하는 푸에르puer(단수 소유격 pueri, 남성), "책"을 의미하는 리베르liber(단수 소유격 libri, 남성), "선생, 스승"을 의미하는 마지스테르magister(단수 소유격 magistri, 남성), "목수, 장인(匠人)"을 의미하는 파베르faber(단수 소유격 fabri, 남성) 같은 것들이 그렇다. 물론 나머지 격들에서의 어미는 equus와 똑같지만 단수 주격의 모습만 다르다는 것이다. 이것들의 단수 소유격은 puer의 경우처럼 pueri가 되기도 하고(puer에 i만 더 붙음), magister, liber, faber의 경우처럼 magistri, libri, fabri가 되기도 하기 때문에 (주격에 있는 e가 빠지면서 뒤에 i가 붙음) 단어별로 기억해줘야 한다. "선생님"을 의미하는 magister(단수 소유격 magistri, 남성)의 변화표를 각주에서 확인해 보자.[7]

라틴어 중성 명사

남미에 있는 아르헨티나라는 나라의 이름은 아르젠툼argentum이라는 라틴어에서 유래했다. argentum은 라틴어로 "은(銀)"이라는 뜻이다. 아르헨티나가 스페인 식민지였던 시절에 스페인 사람들이 그 땅에 은이 많이 난다고 하여 그런 이름을 붙였다고 한다. 참고로 스페인어가 라틴어에서 파생된 만큼 스페인의 영향을 받은 나라들에는 라틴어의 흔적들이 많이 있다. 아르헨티나

7

	단수	복수
주격	magist**er** 선생님이	magistr**i** 선생님들이
소유격	magistr**i** 선생님의	magistr**orum** 선생님들의
여격	magistr**o** 선생님에게	magistr**is** 선생님들에게
목적격	magistr**um** 선생님을	magistr**os** 선생님들을
탈격	magistr**o** 선생님으로	magistr**is** 선생님들로

의 아름다운 수도인 부에노스 아이레스(Buenos aires)는 스페인어로 "좋은 공기"라는 뜻인데 이 말 또한 "bonus aer(좋은 공기)"라는 라틴어에서 비롯된 것이다.

이 argentum이라는 명사는 위에서 본 equus, amicus 등과 비슷한 유형의 명사이기 때문에 함께 기억해 두면 좋다. 이것은 주격 argent**um**(은이), 소유격 argent**i**(은의), 여격 argent**o**(은에게), 목적격 argent**um**(은을), 탈격 argen**to**(은으로)와 같이 변화한다. 각 격의 어미가 앞서 본 명사들과 거의 같다는 것을 알 수 있을 것이다. 물론 완전히 같지는 않기 때문에 구분해서 익혀야 하지만 말이다. 한번 각주의 표를 보면서 이 명사의 변화 형태를 익혀보자.[8] 여기서도 역시 굵은 글씨로 된 어미들에 유의해야 한다.

이와 같이 변화하는 명사에는 방금 본 argentum외에도, "운명"을 의미하는 파툼fatum(단수 소유격 fati, 중성), "금속"이라는 의미의 메탈룸metallum(단수 소유격 metalli, 중성), "선물"이라는 의미의 도눔donum(단수 소유격 doni, 중성) 같은 것들이 있다. 각주[8]에 있는 argentum의 변화를 기억하며 이 명사들도 격변화를 시켜보자. 많은 이들이 영어에 fate(운명), fatal(치명적인)과 같은 단어들이 있다는 것을 알 것이다. 이것들이 다 라틴어 fatum(운명)에서 나온 말들이다.

라틴어에서는 이런 형태를 갖는 명사들(단수 주격 -um, 단수 소유격 -i)을 편의상 "중성형 명사"로 분류한다. 이렇게 명사의 문법적 성을 구분하는 것은 여기에 맞는 형용사를 붙이기 위한 것이므로 불편하더라도 명사를 공부할 때마다 그 성을 꼭 기억해 두어야 한다. 다행스럽게도 라틴어에서 중성에 속한 명사들은 그 주격과 목적격의 형태가 같다. 단수일 때든 복수일 때든 말이다.

8

	단수	복수
주격	argent**um** 은이	argent**a** 은들이
소유격	argent**i** 은의	argent**orum** 은들의
여격	argent**o** 은에게	argent**is** 은들에게
목적격	argent**um** 은을	argent**a** 은들을
탈격	argent**o** 은으로	argent**is** 은들로

Thema II

코로나와 라틴어

라틴어 여성 명사

몇 년 전부터 코로나 바이러스Corona Virus라는 것이 창궐하여 지금까지 많은 사람들을 힘들게 하고 있다. 도무지 종식될 기미가 보이지 않아서 이제는 많은 나라들이 코로나 바이러스와 함께 살아가는 것을 고려해야 하는 상황에 처해있다. 코로나corona라는 말은 라틴어로 "왕관crown" 혹은 "화관garland"이라는 뜻이다. 현미경으로 자세히 보면 바이러스를 감싸고 있는 돌기들의 생김새가 마치 왕관을 연상시킨다고 하여 이런 이름이 붙었다고 한다. 끔직하고 지긋지긋한 바이러스의 이름이 이렇게 멋있는 의미를 갖는다는 사실이 재미있다. 우리 주변에는 이 corona와 문법적으로 같은 유형에 속하는 라틴어 단어들이 상당히 많다. 이를테면 "책상, 원탁" 이라는 의미의 멘사mensa, "물"이라는 의미의 아쿠아aqua, "숲"이라는 의미의 실바

그림으로 보는 라틴어

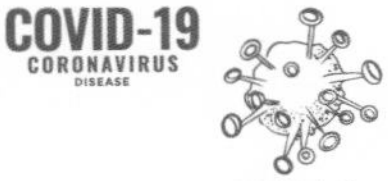

코로나 Corona

화관 Corolla

왕관 Crown

[silva], "딸"이라는 의미의 필리아[filia], 그리고 앞서 본 "별"이라는 의미의 스텔라[stella], "땅"이라는 의미의 테라[terra]와 같은 것들이다. 멘사[mensa, 둥근 탁자(원탁)]란 우리가 알다시피 지능이 높은 사람들의 모임을 가리키는데, 그렇게 우수한 사람들이 둥근 탁자에 머리를 맞대고 있는 모습이 연상되도록 그러한 이름을 붙였다고 한다.

이 단어들의 마지막 철자가 다 -a라는 것에 주목하자. 이것은 이 명사들이 다 똑같은 형태로 변화한다는 것을 의미한다. corona[왕관]를 예로 들면, 이것은 주격이 corona[왕관이]이지만, 소유격은 coronae[왕관의]이며, 여격 또한 coronae[왕관에게], 목적격은 coronam[왕관을], 탈격은 corona[왕관으로]다. 앞서 본 equus와는 형태가 많이 다르다는 것을 알 수 있을 것이다. 라틴어에서는 이

렇게 단수 주격의 어미가 -a이고 소유격의 어미가 -ae인 명사들을 묶어서 <1변화 명사>라 부른다. 이 명사들은 다 방금 본 corona처럼 변화되는 명사들이다.

코로나 명사의 변화 형태를 표로 정리하면 각주[9]와 같다. 이 또한 몹시 중요한 변화이므로 어미에 유의해 복수의 변화 형태까지 익혀보자.

그렇다면 <2변화 명사>는 뭘까? 그것은 앞 챕터에서 이미 보았다. 서로 비슷하게 변화했던 남성 명사 단수 주격 -us, 소유격 -i 와 중성 명사 단수 주격 -um, 소유격 -i 를 기억하고 있을 것이다. 라틴어에서

9

	단수	복수
주격	coron**a** 왕관이	coron**ae** 왕관들이
소유격	coron**ae** 왕관의	coron**arum** 왕관들의
여격	coron**ae** 왕관에게	coron**is** 왕관들에게
목적격	coron**am** 왕관을	coron**as** 왕관들을
탈격	coron**a** 왕관으로	coron**is** 왕관들로

똑같이 변화하는 mensa, stella, aqua 와 같은 단어들도 연습삼아 변화시켜 보자.

는 이것들을 다 묶어서 <2변화 명사>라 부른다. 어미의 변화 형태가 us[혹은 um]-i-o-um-o로 비슷하기 때문에 이런 명사들을 통칭해 <2변화 명사>라고 한다. 2변화 명사에 남성 명사와 중성 명사가 있었다면, 방금 본 1변화 명사[단수 주격 -a, 단수 소유격 -ae]는 대부분 여성형 명사로 분류된다는 것도 기억하자.

자, 이제 우리는 라틴어 문장에서 엄청나게 많이 등장하는 1, 2변화 명사에 대해 배웠다. 이것들의 형태는 곧 보게 될 형용사의 형태가 되기도 하므로 철저하게 익혀주자. 3변화라는 것이 있기는 하지만 이 1, 2변화를 아는 것만으로도 라틴어 학습의 초석은 닦은 것이라고 할 수 있다.

동사에 대해서는 나중에 얘기하겠지만 "나는 사랑한다"를 라틴어로 하면 "아모[amo]"이다.[라틴어 문장에서는 주어가 따로 필요없다.] 그렇다면 이제 우리는 "나는 왕관을 사랑한다"라는 말을 라작[라틴어 작문]할 수 있지 않겠는가? 그것은 물론 "Amo coronam"이다. corona를 그 목적격 형태인 coronam으로 써준 것이다. 그렇다면 "나는 주인의 왕관을 사랑한다"을 라작하면 어떻게 될까? 주인[dominus]의 소유격이 무엇이었는지 기억한다면 쉽게 답할 수 있을 것이다. 그것은 "Amo coronam domini"이다. 마지막으로 "나는 딸의 선물을 사랑한다"고 하면 뭐가 될까? 딸[filia]의 소유격과 선물[donum]의 목적격을 함께 써주면 될 것이다. 정

답은 각주를 확인해 보자.[10]

라틴어에 관해 한 가지 기억해야 할 점은 라틴어 문장은 그 어순에서 자유롭다는 점이다. 단어들의 어순을 임의대로 바꿔도 문장의 의미를 이해하는 데 큰 문제가 없다. 이를 테면 방금 본 “Amo coronam 나는 왕관을 사랑한다” 이 문장은 “Coronam amo”라고 바꾸어서도 의미가 똑같고 해석하기도 어렵지 않다. “Amo coronam domini 나는 주인의 왕관을 사랑한다”와 같은 문장 또한 “Coronam amo domini”라든지 “Domini coronam amo” 라고 써도 상관 없다.

이렇게 쓸 수 있는 이유는 라틴어가 유연하고 자유로운 언어라서가 아니다. 그것은 오히려 위에서 보았듯이 라틴어 단어들의 어미가 정교하고 다양한 형태를 갖기 때문이다. 주격의 명사는 주격 어미와 함께 썼고 목적격의 명사는 목적격 어미로 썼으니 어순이 꼬여있다한들 문제될 것이 없다. 말하자면 단어들에 이렇게 톱니바퀴처럼 정교한 어미들이 붙어있기 때문에 어순에 있어서 자유가 보장되는 것이다.[11]

---

10 Amo donum filiae(혹은 Amo filiae donum).

11 심지어 라틴어에서는 고유명사들조차 마냥 똑같이 쓸 수가 없고 수와 격에 따라 어미를 변화시켜 가면서 써야 한다. 예를 들면 우리에게 잘 알려진 J.K. 롤링의 《해리 포터와 마법사의 돌 Harry Potter and the Sorcerer's Stone》이라는 소설에도 라틴어판이 있는데 여기서는 “해리”라는 주인공의 이름을 라틴어식으로 Harrius(해리우스)라고 쓰면서 이것을 위에서 본 equus(2변화 명사, 남성)처럼 변화시켜 가며 사용한다. 즉, Harri**us**(해리가)-Harri**i**(해리의)-Harri**o**(해리에게)-Harri**um**(해리를)-Harri**o**(해리로)인 것이다. 물론 여성의 경우에는 다음과 같은 식으로 표현한다. Dian**a**(디아나가)-Dian**ae**(디아나의)-Dian**ae**(디아나에게)-Dian**am**(디아나를)-Dian**a**(디아나로).

라틴어에 "법 아래서 자유가 건재한다Sub lege libertas perdurat"는 표현이 있다. 머지않아 이런 문장도 읽어낼 수 있게 될테니 일단 그 의미만 보도록 하자. 이 문장은 사회에 엄정한 법이 존재해야 사람들이 안전하게 자유를 누리며 살아갈 수 있다는 의미이다. 인간의 자유는 그들에게 부과되는 사회적 규범과 책임 위에서 향유된다는 것이다. 우리가 평범한 일상 속에서 자유와 멋을 누리게 되는 원리도 이와 비슷하지 않을까. 오직 질서있고 책임있는 삶 속에서 우리는 진정한 자유와 멋을 누릴 수 있게 되는 것 같다. 철저한 문법적 통제 속에서 자유로운 어순을 갖는다는 점에서 라틴어의 문장들은 마치 이 말의 의미를 구체적으로 보여주는 사례와도 같다.

나는 왕관을 사랑한다 Amo coronam

나는 가족을 사랑한다 Amo familiam

나는 책을 사랑한다 Amo librum

함께 보기

문법적 성의 예외

라틴어에는 방금 본 1변화 여성형 명사의 모습(단수 주격 -a, 단수 소유격 -ae)을 띠고 있으나 실제 성은 남성인 명사들도 드물게 존재한다. 아무래도 옛날 기준으로 그 행위자가 남성일 가능성이 높은 단어들이 그렇다. 예를 들어 "시인"을 의미하는 포에타poeta, 농부를 의미하는 아그리콜라agricola, 배의 "선원"을 의미하는 나우타nauta, "해적"을 의미하는 피라타pirata 같은 단어들은 위에서 본 여성형 명사들(terra, mesna 등)과 똑같이 변화하는 명사들이지만(단수 주격 -a, 단수 소유격 -ae) 그 문법적 성은 남성이다.

Thema III

라틴어는 게임이다

라틴어 형용사

몇 년 전 가족 모임에서 나이 어린 사촌 동생이 스마트폰으로 게임을 하고 있었다. 그 그래픽과 사운드가 너무 화려하고 멋있어서 게임 이름을 물어보니 "타불라 라사"라고 했다. 확인해 보니 내게 익숙한 라틴어 문구인 "tabula rasa[타불라 라사]"가 맞았다. "Tabula rasa"는 철학 시간에 많이 등장하는 용어로 "텅 빈[rasa] 칠판[tabula]"이라는 뜻이다. 인간이 어떻게 지식과 정보를 얻는가에 대한 철학자들의 주장 중 인간에게 본연적으로 무엇인가가 갖춰져 있다는 주장과 아예 텅 빈 상태에서 외부 정보를 얻는 것이라는 주장이 있는데, 이 "아예 텅 빈 상태"를 의미하는 말이 바로 "타불라 라사"다. 화려한 게임 이름이 왜 그렇게 지어졌는지는 모르겠지만 어쨌든 아는 말이 등장해서 반가웠다.

tabula[칠판]는 corona와 같은 1변화 명사[여성형 명사]다. 그러고 보면 앞서 언급한 것들 외에도 우리에게 익숙한 라틴어 중에는 1변화 명사가 정말 많다. “학교”를 의미하는 스콜라[schola]도 그렇고[“중세 스콜라 철학”이라고 할 때 “스콜라”가 이것이다], “국가”를 의미하는 파트리아[patria. 〈패트리어트〉라는 미국 첩보영화가 있다], “길”이라는 의미의 비아[via. “중용”이나 “중도”를 via media 비아 메디아라고 한다], “달[moon]”이라는 의미의 루나[luna. 달빛에 홀린 듯 정신나간 사람을 영어로 lunatic이라고 한다], “운명”이라는 의미의 포르투나[fortuna. 영어에서도 운명은 fortune으로 비슷하다] 같은 것들이 모두 이런 1변화 명사다. 이것들은 다 단수 주격의 어미가 -a이고 단수 소유격의 어미가 -ae인 명사들이며, 위에서 본 corona와 같이 변화한다.

그렇다면 tabula rasa에서 “rasa”는 무엇일까? 당연히 그것은 “텅 빈, 지워진”이라는 의미의 형용사일 것이다.[12]

라틴어는 형용사를 쓸 때 그것이 꾸며주는 명사의 성[남성인지 여성인지 중성인지], 수[단수인지 복수인지], 격[주격, 소유격 등]에 일치되는 것을 써 주어야 한다. 물론 모든 형용사는 명사들의 성, 수, 격에 맞출 수 있는 어미들을 갖고 있다. 이를테면 방금 본 “텅 빈, 깨끗한”이라는 형용사는 사실 단순히 rasa가 아니라 rasus-rasa-rasum 이다. 이것의 어미들이 우리가 앞서 배운 1, 2변화 명사들의 주격 어미와 같다는 것에 주목하자.[us-a-um]

---

12 엄밀히 말하면 이것은 “지우다”라는 의미의 동사 rado의 과거분사형 rasum(지워진)이 형용사처럼 쓰인 것이다.

그림으로 보는 라틴어

타불라 라사 Tabula Rasa 텅 빈 칠판

루나 Luna 달

보누스 bonus 좋은

스콜라 Schola 학교

마뉴스 Magnus 거대한 VS **파르부스** Parvus 작은

즉, 첫 번째 rasus는 앞서 본 남성형 명사[equus, animus 등]에 붙여주는 형용사의 형태이고, rasa는 앞서 본 여성형 명사[corona, mensa 등]에 붙여주는 형태며, rasum은 중성 명사[argentum, fatum 등]에 붙여주는 형태다. 이렇게 1, 2변화 명사들의 어미를 갖고 있는 형용사를 라틴어에서는 <1, 2변화 형용사>라고 부른다. 명사에 맞춰 줄 수 있어야 하니 당연히 이 형용사도 수와 격에 따라 어미 변화를 한다. 물론 우리가 명사를 공부하며 이미 익힌 양상으로 말이다. 각주[13]의 형용사 변화표를 통해 그것을 확인해 보자. 이렇게 여러가지 모습을 지니지만 우리말로는 그냥 다 "텅 빈, 지워진"으로 번역된다는 것을 유의하자.

tabula rasa에서는 tabula가 여성 단수 주격의 명사이기에 그에 맞는 형용사 rasa[텅 빈, 여성 단수 주격]를 붙여서 tabula rasa라고 썼다. 만일 남성 명사인 animus[마음]를 꾸며주는 상황이라면 rasa가 아닌 rasus[텅 빈, 남성 단수 주격]를 붙여서 animus rasus[텅 빈 마음]라고 썼어야 할 것이다.

만일 "텅 빈 칠판의"라고 하려면 어떻게 해야 할까? tabula[칠판의]를 여성 단수 소유격으로 써주면서 형용사도 그에 맞게

13

	단수			복수		
	남성	여성	중성	남성	여성	중성
주격	ras**us**	ras**a**	ras**um**	ras**i**	ras**ae**	ras**a**
소유격	ras**i**	ras**ae**	ras**i**	ras**orum**	ras**arum**	ras**orum**
여격	ras**o**	ras**ae**	ras**o**	ras**is**	ras**is**	ras**is**
목적격	ras**um**	ras**am**	ras**um**	ras**os**	ras**as**	ras**a**
탈격	ras**o**	ras**a**	ras**o**	ras**is**	ras**is**	ras**is**

tabulae rasae라고 해야 한다. 물론 목적격을 써서 "텅 빈 칠판을"이라고 하려면 tabulam rasam이 될 것이고. 스스로 공부를 몹시 싫어하는 학생이 됐다고 상상하면서 "나는 텅 빈 칠판을 사랑한다"라는 말을 라작해 볼까? 정답은 "Amo tabulam rasam"

아마 대부분의 직장인들에게 가장 기분 좋은 단어는 "보너스"라는 단어일 것이다. 이 보너스라는 말은 "좋은보누스"이라는 의미의 라틴어 1, 2변화 형용사 bonus-a-umbonus-bona-bonum을 줄인 표현에서 나왔다. 다행히 라틴어 1, 2변화 형용사 중에는 이 bonus처럼 우리에게 익숙한 것들이 많다. "긴롱구스"이라는 형용사는 longus-a-um이며, "큰, 풍성한라르구스"은 largus-a-um, "거대한마뉴스"은 magnus-a-um, "작은파르부스"은 parvus-a-um, "많은물투스"은 multus-a-um, "박식한독투스"은 doctus-a-um, "부지런한인두스트리우스"은 industrius-a-um, "밝은, 선명한클라루스"은 clarus-a-um, "장미빛의로세우스"은 roseus-a-um, "겁많은티미두스"은 timidus-a-um, "어리석은스툴투스"은 stultus-a-um이다. 우리에게 익숙한 많은 영어 단어들이 보이지 않는가? 한번 "밝은"이라는 의미의 clarus-a-um을 사용해서 "나는 밝은 별stella을 사랑한다"[14]는 문장을 만들어 보자.

---

14 Amo stellam claram(혹은 Amo claram stellam).
"나는 준다"를 도do라고 한다. 박식한doctus-a-um을 활용해 "나는 박식한 친구amicus에게 책liber을 준다"라는 문장도 만들어 보자. "~에게"를 의미하는 여격형을 사용해서 말이다.
정답은 Do librum docto amico(혹은 Do librum amico docto).

사실 라틴어를 처음 배울 때 특별히 혼동되는 부분이 이 형용사와 명사를 맞춰주는 부분이다. "텅 빈 칠판이"든 "텅 빈 칠판을"이든 그냥 "텅 빈"이라고 써주기만 하면 되는 한국사람들로서는 이 부분에서 자꾸 실수를 하기 마련이다. 이런 부분 때문에 라틴어를 골치 아프고 복잡한 언어로 보기도 한다. 그리고 아래에서 보겠지만 라틴어에는 우리가 위에서 본 것들과 상이한 어미변화를 하는 명사와 형용사들도 있다. 그중에서 대표적인 것을 3변화 명사, 3변화 형용사라고 한다. 당연히 이런 3변화 명사 및 형용사들과 지금까지 본 명사 및 형용사들을 섞어서 쓰는 경우도 많으며 예) 3변화 명사 + 1. 2변화 형용사, 그럴 때에도 그 성, 수, 격을 고려하여 명사와 형용사의 어미를 맞춰줘야 하기 때문에 처음 라틴어를 배우는 사람에겐 부담이 된다.

하지만 이런 복잡함이 있기 때문에 어느 정도 궤도에 이르면 오히려 배우는 재미가 배가되는 것도 사실이다. 마치 수동기어로 운전할 때 기어가 착착 들어맞는 손맛을 느낄 수 있는 것처럼, 라틴어 또한 엄밀한 문법 규칙에 따라 문장을 해석해 내면 그에 따른 쏠쏠한 재미를 느낄 수 있는 것이다. 성취감으로만 따지면 영어로 문장다운 문장을 읽을 수 있게 됐을 때의 성취감보다 라틴어로 그렇게 했을 때의 성취감이 훨씬 더 크다고 할 수 있다. 물론 일상에서 흔히 접하는 멋스러운 라틴어 단어

나 문장들을 이해하게 되는 재미도 빠질 수 없지만 말이다.[15]

물론 이런 즐거움은 문법을 열심히 공부해 어느 정도 궤도에 오른 사람만이 누릴 수 있는 감정이다. 비록 어렵기는 하지만 가장 재밌으면서도 고상한 취미를 원한다면 충분히 라틴어 공부에 도전해 볼 가치가 있다고 본다. 사실 우리가 열심히 살아야 하는 이유는 단순히 지금보다 잘 먹고 잘 살기 위해서가 아니다. 열심히 사는 것이 그렇지 않은 것보다 훨씬 더 즐겁기 때문이다. 특히 도전해 볼 만한 것을 골라서 그것에 몰두하는 일은 뻔한 오락이 주는 것보다 훨씬 큰 즐거움을 준다.

함께 보기

예외적 명사들의 수식

앞서 여성형 명사의 모습을 띠고 있으나 실제 성은 남성인 명사들도 더러 있다는 것을 배웠다. "시인"을 의미하는 poeta, "농부"를 의미하는 agricola, "해적"을 의미하는 pirata 같은 명사들이다. 이 단어들은 위에서 본 1변화 여성 명사들(단수 주격 -a, 단수 소유격 -ae)과 똑같이 변화하지만 그 문법적 성은 남성이기 때문에 형용사를 붙여줄 때 주의해야 한다. 예를 들어 "겁많은 해적이"라고 하려면 pirata timida가 아니라 pirata timidus라고 해야 한다. pirata가 남성의 명사이기 때문이 남성 단수 주격 형용사인 timidus를 붙여준 것이다. 그럼 "겁많은 해적을"은 어떻게 말할까? 정답은 각주를 확인하자.[16]

15 아마 영국을 여행했거나 거기 살아봤던 분들은 "매그넘Magnum"이라는 아이스크림 브랜드를 알고 있을 것이다. 그 외에도 매그넘은 총탄 이름이나 술병 이름, 컴퓨터에 꽂는 USB 이름으로도 쓰인다. 이것이 다 "거대한" 이라는 의미의 라틴어 형용사 magnus-a-um 의 중성 단수 주격 형태라는 것을 이제는 쉽게 알 수 있을 것이다.

16 piratam timidum

함께 보기

1, 2변화 형용사의 특수 형태

남성 명사 중 간혹 단수 주격이 -er로 끝나는 것들(puer, magister 등)이 있었다는 것 기억하는가? 1, 2 변화 형용사 중에도 그 남성 단수 주격이 -er로 끝나는 것들이 있다. 즉 er-a-um의 형태를 갖는 형용사인 것이다. 예를 들어 "불쌍한, 비참한" 이라는 의미의 미제르miser-misera-miserum이나, "아름다운" 이라는 의미의 풀케르pulcher-pulchra-pulchrum, "검은"이라는 의미의 니제르 niger-nigra-nigrum, "병든, 아픈"이라는 의미의 에제르aeger-aegra-aegrum 같은 것들이다. 물론 남성 단수 주격 이외에 다른 격들에서의 어미 형태는 앞서 배운 us-a-um 형용사와 똑같다.

명사의 경우와 마찬가지로 어떤 것들은 변화되면서 -er의 e를 보존하지만(예: miser-misera-miserum) 어떤 것들은 e가 생략되므로(예: pulcher-pulchra-pulchrum) 각각을 유의하여 외워야한다.

"비참한"이라는 의미의 miser-misera-miserum과 "아름다운"이라는 의미의 pulcher-pulchra-pulchrum의 변화표를 각주에서 확인해 보자.[17]

17

	단수			복수		
	남성	여성	중성	남성	여성	중성
주격	mis**er**	miser**a**	miser**um**	miser**i**	miser**ae**	miser**a**
소유격	miser**i**	miser**ae**	miser**i**	miser**orum**	miser**arum**	miser**orum**
여격	miser**o**	miser**ae**	miser**o**	miser**is**	miser**is**	miser**is**
목적격	miser**um**	miser**am**	miser**um**	miser**os**	miser**as**	miser**a**
탈격	miser**o**	miser**a**	miser**o**	miser**is**	miser**is**	miser**is**

	단수			복수		
	남성	여성	중성	남성	여성	중성
주격	pulch**er**	pulchr**a**	pulchr**um**	pulchr**i**	pulchr**ae**	pulchr**a**
소유격	pulchr**i**	pulchr**ae**	pulchr**i**	pulchr**orum**	pulchr**arum**	pulch**orum**
여격	pulchr**o**	pulchr**ae**	pulchr**o**	pulchr**is**	pulchr**is**	pulchr**is**
목적격	pulchr**um**	pulchr**am**	pulchr**um**	pulchr**os**	pulchr**as**	pulchr**a**
탈격	pulchr**o**	pulchr**a**	pulchr**o**	pulchr**is**	pulchr**is**	pulchr**is**

소유 형용사

혹시 "patria mea"라는 표현을 보거나 들어 본 적이 있는가? 이것은 라틴어로 "나의 조국"이라는 말이다. 이것은 "국가(國家)"를 의미하는 명사 patria(단수 소유격 patriae, 여성)에 "나의(mea)" 라는 형용사를 붙여준 것이다. 라틴어에서는 나의(my), 너의(your), 우리의(our)와 같은 말도 위에서 본 1, 2변화 형용사를 사용하여 표현한다. 즉, "나의"를 의미하는 meus-a-um, "너의"를 의미하는 tuus-a-um, "그의"를 의미하는 suus-a-um 과 같은 1, 2변화 형용사가 있고(이것들을 소유형용사라고 한다), 꾸며주는 명사에 맞춰서 이것들을 사용하는 것이다. 예를 들어 "나의 조국"은 "partia mea"이고(여성 단수 주격), "나의 조국의"이라고 하려면 "patriae meae"가 된다.(여성 단수 소유격)

다시 한번 "amo(나는 사랑한다)"를 사용해서 "나는 나의 조국을 사랑한다"라는 말을 만들어 볼까? 물론 이번에는 목적격을 사용해야 한다. 정답은 각주에 있다.[18] "나는 나의 친구(amicus)의 영혼(animus)을 사랑한다"라는 문장도 한번 라틴어로 말해 보자. "나의 친구"는 소유격으로 쓰고 "영혼"은 목적격으로 써야한다는 것을 기억하면서 말이다.[19] 라틴어에는 이밖에도 "우리들의"라는 의미의 형용사 noster-nostra-nostrum, "너희들의"라는 의미의 vester-vestra-vestrum 등이 있다.

---

18 Amo patriam meam.

19 Amo animum amici mei.

라틴어로 받는 칭찬

라틴어 3변화 명사

서양에서 공부를 했거나 서양문화에 관심이 있는 사람이라면 “숨마 쿰 라우데[summa cum laude]”라는 말을 들어보았을 것이다. 이것은 고등학교나 대학교 졸업 시 성적우수자에게 주는 최우등상의 명칭이다. 수석졸업생 한명에게 주는 상이라기보다는 상위 3~5% 정도 안에 속하는 몇몇 최우수 학생들에게 주는 상이라고 보는 것이 적합하다. 그보다 조금 못한 학생들에게 주는 상은 “마그나 쿰 라우데[mgana cum laude]”라고 하며 그 다음 단계는 그냥 “쿰 라우데[cum laude]”라고 한다. 물론 모두 우리말 “성적우수상”에 해당하는 영예로운 상들이다.

숨마 쿰 라우데에서 laude는 “영예, 영광[glory]”를 의미하는 라틴어 명사 laus의 탈격형[~로]이다. cum은 “~와 함께”라는 의미의 전치사[영어 with 에 해당]인데 뒤에 탈격형의 명사를 수반하기

에 laude가 온것이다. 즉, cum laude란 "영예와 함께[졸업]"이라는 의미이다. summa는 "최상의, 최고의"를 의미하는 1, 2변화 형용사 summus-a-um의 여성 단수 탈격형이다.[앞 장 참조] 이것은 원래 laude를 꾸며주는 말로서 전치사 cum뒤에 나와야 하는데 이것을 그냥 앞으로 뺀 것이다.[라틴어에서 이런 일은 흔하다.] laus가 여성 명사이고 laude는 이것의 탈격이니 그것을 꾸며주는 형용사로 summus-summa-summum의 여성 단수 탈격형인 summa를 썼다. 자, 이제 이 말의 완전한 의미가 밝혀졌다. summa cum laude란 "최고의 영예와 함께" 라는 뜻이다. 졸업하는 학생에 대해서 할 수 있는 최상의 칭찬라고 할 수 있다. 이런 말이 자신의 졸업장에 찍히게 된다면 얼마나 기분이 좋을까?

눈치 챘겠지만 이 laus는 위에 나온 명사들[equus, corona, argentum 등]과는 확연히 다른 모습을 띄는 명사다. 이것은 주격 laus[영광이], 소유격 laudis[영광의], 여격 laudi[영광에게], 목적격 laudem[영광을], 탈격 laude[영광으로]와 같은 식으로 변화한다. 소유격[영광의]이

"-is"로 끝나는 것에 주목하자. 라틴어에는 이렇게 단수 소유격의 어미가 "-is"인 명사들이 많은데 이것들을 소위 <3변화 명사>라고 한다. 각주의 표를 보고 그 변화 형태를 철저히 공부해 보자.[20]

우리가 들어봤을 법한 것 중 여기에 속한 명사들로는 "사랑[아모르]"을 의미하는 amor[단수 소유격 amoris], "아버지[파테르]"를 의미하는 pater[단수 소유격 patris], "어머니[마테르]"를 의미하는 mater[단수 소유격 matris], "꽃[플로스]"을 의미하는 flos[단수 소유격 floris], "평화[팍스]"를 의미하는 pax[단수 소유격 pacis], "빛[룩스]"을 의미하는 lux[단수 소유격 lucis], "진리[베리타스]"를 의미하는 veritas[단수 소유격 veritatis], "젊음[유벤투스]"을 의미하는 juventus[단수 소유격 juventutis]와 같은 것들이 있다.[21] 이것들이 다 laus와 같이 변화되는 명사들이다. 한번 "나는 젊음을 사랑한다"라는 문장을 라틴어로 말해 볼까? 많은 이들이 "amo juventutem"이라고 바르게 답했을 것이다. juventus[단수

20

	단수	복수
주격	laus 영광이	laud**es** 영광들이
소유격	laud**is** 영광의	laud**um** 영광들의
여격	laud**i** 영광에게	laud**ibus** 영광들에게
목적격	laud**em** 영광을	laud**es** 영광들을
탈격	laud**e** 영광으로	laud**ibus** 영광들로

21 아마 해외 축구를 좋아하는 분들은 "젊음"이라는 의미의 juventus(유벤투스)라는 단어를 보고 반가움을 느꼈을 것이다. 그런 이름을 가진 이탈리아의 유명 축구팀이 있기 때문이다. juventus의 반대말은 "늙음, 노년"이라는 의미의 senectus(단수 소유격 senectutis)이다. 참고로 라틴어에서 이런 추상명사(진리, 젊음, 노년 등)는 거의 다 여성형 명사이다.

[소유격 juventutis]의 목적격형인 juventutem을 써 준 것이다. “나는 준다”는 의미인 do를 사용해 “나는 어머니에게 꽃을 드린다”는 문장도 만들어 보자. 정답은 Do florem matri.

저 위에서 본 1, 2변화 명사들의 경우와 달리 이 3변화 명사들은 단수 주격의 어미가 일정하지 않다. 단지 소유격의 어미가 “-is”라는 것만 동일하다.

호모 사피엔스[homo sapiens]는 “사고하는[분별하는] 인간”이라는 의미로 여기서 homo는 “인간[human]”을 의미한다. laus와는 전혀 다르게 생겼지만 이 homo도 그 단수 소유격이 hominis인 3변화 명사다. 물론 이것을 변화시키면 주격 homo[인간이], 소유격 hominis[인간의], 여격 homini[인간에게], 목적격 hominem[인간을], 탈격 homine[인간으로]가 된다. 앞에서 라틴어 명사를 외울 때는 그 주격 뿐 아니라 소유격을 함께 외워야 한다고 말한 바 있다. 특별히 3변화 명사에서는 주격과 소유격의 모습이 현저히 다른 경우가 많기 때문에 더더욱 잘 외워줘야 한다. 단순히 lux가 “빛”이라는 것만 알아서는 lucis가 그 소유격인 “빛의”라는 의미인지 알 길이 없다는 의미다.[22]

이 3변화 명사에도 남성형 명사, 여성형 명사, 중성형 명사가 다 있지만 다행히 남성형과 여성형은 변화 형태가 같고, 중성

---

22 비슷한 예로 “수수께끼”를 의미하는 enigma라는 명사는 단수 주격의 어미가 -a라서 1변화 여성 명사라고 생각할 수 있지만 사실 그 단수 소유격인 enigmatis인 3변화 명사이다. 따라서 주격의 -a만 보고 이것을 앞서 본 1변화 명사(corona 등)처럼 변화시켜서는 안 된다.

만 조금 다르다. 우리가 방금 본 3변화 명사들은 다 남성이거나 여성인 명사들이다. amor[사랑], pater[아버지], flos[꽃]는 남성형 명사이고, mater[어머니], pax[평화], lux[빛], veritas[진리], juventus[젊음]는 여성형 명사인데, 이들의 변화 형태는 동일한 것이다. 물론 성이 다른 만큼 여기에 붙여줄 수 있는 형용사의 형태는 차이가 날 수 있다는 것을 이제 이해할 것이다. 한번 "작은"이라는 의미의 1, 2 변화 형용사 parvus-a-um을 사용해서 "나는 작은 꽃[flos]을 사랑한다"라는 말을 만들어 볼까? "꽃[flos, 남성]"을 목적격 형태로 써주면서 이와 성, 수, 격이 맞는 형용사의 형태를 붙여주면 된다.[23]

다시 상[償] 얘기를 잠깐 해 보자. 앞서 summa cum laude보다 조금 낮은 성적우수상을 magna cum laude라고 한다고 언급했다. 물론 이 또한 상위 7~8퍼센트 안에 드는 우수한 학생들에게 수여되는 상이다. "큰, 거대한"이라는 의미를 갖는 magnus-a-um라는 1, 2변화 형용사를 기억하고 있을 것이다. 여기 나오는 magna가 바로 그것이다. 그렇다면 magna cum laude란 "큰 영예와 함께"라는 의미가 될 것이다. magna는 원래 laude를 꾸며주는 형용사[여성 단수 탈격]인데 summa cum laude의 경우와 마찬가지로 전치사 cum 앞으로 나온 것이다. Magna cum laude보다 조금 낮은 성적우수상인 cum laude는 당연히 그냥 "영예와 함께"라는 의미이다.

---

23 Amo parvum florem.

앞서 라틴어는 어순이 자유롭다고 한 바 있다. 그래서 summa cum laude의 "summa"나 magna cum laude의 "magna"처럼 전치사나 관계사의 뒤에 나올 법한 단어들을 그 앞으로 빼는 경우가 자주 있다. 물론 앞서 보았듯이 이것은 엄밀한 문법칙 규칙을 힘입어서 그 의미가 유지되기 때문에 가능한 일이다. 언젠가 조동사를 공부할 기회가 있겠지만, 라틴어에서는 동사원형이 조동사보다 먼저 오게 만드는 경우도 흔하다. 영어로 치면 "I can do"가 아니라 "I do can"이 되는 것이다. 이렇게 순서를 바꾸는 이유는 무엇일까? 특별한 이유는 없다. 굳이 이유를 찾자면 그냥 멋있어 보이기 때문 아닐까?

필자는 학업을 위해 미국과 영국에 거주할 때 영어 발음에 큰 의미를 부여하는 서양인들을 많이 보았다. 상류층들이 쓰는 영어를 소위 "포쉬 잉글리쉬posh English"라고 하는데, 이러한 영어를 쓰는 사람들은 자신의 언어에 대한 강한 자부심을 드러내곤 한다. 실제로 영국에서는 사람들이 쓰는 언어만 들어도 그들의 사회적 계층을 알 수 있다고 하며, 심지어는 그들의 몸짓이나 표정만 봐도 그들이 어떤 영어를 쓰는 사람인지 혹은 어떤 계층에 속한 사람인지 알 수 있다는 말까지 한다. 다소 속물스럽게 느껴지기도 하지만 인간에게 어떤 식으로든 돋보이고 싶은 마음이 있다는 것을 생각하면 이해 못할 일도 아니다. 대체로 무료한 삶 속에서 그러한 재미나 자부심이라도 누려보고 싶은 것 아닐까.

누구에게나 이런 마음이 있다는 것을 이해하면 사람들에게 사랑받는 일도 그리 어렵지 않을 것 같다. 그것은 상대방의 작은 돋보이는 점을 발견하고 그것을 표현해 주는 것이다. 상대의 외적인 스펙이나 업적을 들먹이는 것은 서로 간에 껄끄럽고 부담되는 일이 될 수 있다. 그보다는 오히려 그 사람만의 작은 특징과 매력을 포착하여 언급해 줄 때 우리는 인생을 보다 훈훈한 관계들로 채울 수 있을 것이다.

함께 보기

3변화 명사의 예외

3변화 명사 중 가끔 주격과 소유격의 모음 수가 같거나 아예 주격과 소유격의 형태가 똑같은 명사들이 있다. "고양이"(펠레스feles-felis, 여성), "굶주림"(파메스fames-famis, 여성), "배"(나비스navis-navis, 여성), "새"(아비스avis-avis, 여성) 같은 것들이다. 이 명사들은 3변화대로 변화하되 복수 소유격 어미가 -um이 아닌 -ium이 된다. 한번 표를 통해 이 명사들의 변화를 확인해 보자.[24] 또한 소유격이 되면서 -is 앞의 자음이 늘어나는 명사들도 있다. "산"(몬스mons-montis, 남성), "밤"(녹스nox-noctis, 여성), "다리"(폰스pons-pontis, 남성), "치아"(덴스dens-dentis, 남성) 같은 것들이다. 이 경우도 복수 소유격 어미는 -um이 아닌 -ium이 된다.

고유명사의 변화

라틴어에서는 사람 이름과 같은 고유명사도 일반명사와 같은 어미를 붙여서 일반명사처럼 변화시키며 사용하는 경우가 많다. 앞서 2변화 명사처럼 활용되는 고유명사에 대해 봤는데, 3변화 명사와 같은 어미를 갖는 고유명사들도 있다. 그리스 신화에 나오는 불굴의 영웅 헤라클레스Hercules는 소유격 Herculis(헤라클레스의), 여격 Herculi(헤라클레스에게), 목적격 Heculem(헤라클레스를), 탈격 Hecule(헤라클레스로)와 같이 변화한다.

24

	단수	복수
주격	navis 배가	nav**es** 배들이
소유격	nav**is** 배의	nav**ium** 배들의
여격	nav**i** 배에게	nav**ibus** 배들에게
목적격	nav**em** 배를	nav**es** 배들을
탈격	nav**e** 배로	nav**ibus** 배들로

Thema V

라틴어로 배우는 사랑

라틴어 3변화 명사 Ⅱ

몇 년 전에 "아모르 파티amor fati"라는 제목의 트로트 가요가 유행했었다. "오늘보다 더 나은 내일이면 돼~ 인생은 지금이야 ~ 아모르 파티 아모르 파티~"라고 하는 가사를 많은 이들이 기억하고 있을 것이다. 현란한 음악에 비해 가사는 상당히 철학적이라는 느낌을 주는 노래이다. "아모르 파티"란 "운명의 사랑운명에 대한 사랑"이라는 의미로 독일의 철학자 프리드리히 니체Friedrich W. Nietzsche, 1844~1900가 《이 사람을 보라Ecce Homo》[25] 라는 자신의 책1908년작에서 사용한 문구를 차용한 것이다. 책에서 니체는 운명처럼 주어지는 모든 상황들을 사랑하라고 독자들을 향해 선포하고 있다. 그는 미래의 어떤 순간을 소망한다거나 그것을 바라보며 현재를 인내한다는 등의 개념들을 좋아

---

25 라틴어 제목 《Ecce homo》는 우리말 《이 사람을 보라》로 번역되지만, 사실은 "여기(ecce) 이 사람(homo)"정도로 해석될 수 있는 문구이다.

하지 않았다. 즉 니체에게 있어서 "아모르 파티"란 단순히 주어진 상황을 인내하거나 수용하라는 말이 아니라 주어진 상황 속에서 적극적으로 행복을 창조하라는 명령에 가깝다. 순간 순간을 향한 창조적인 사랑을 하라는 것이다. 니체에게 있어서 사랑이란 주어진 상황을 의미있게 만들어가려는 의지였던 것일까? 가정적으로나 건강 상으로나 불행했던 것으로 알려진 니체이지만 그가 이 아모르 파티의 정신을 자기의 삶 속에서 구현했다면 그는 진정한 의미에서 행복한 사람이었을 것이다. 참고로 니체는 철학자이기 이전에 라틴어와 그리스어에 해박했던 고전학 연구자였으며 자신이 꿈꾸는 인간상을 고대의 정신에서 발견하고자 하였다.

이제는 우리는 amor fati라는 문구를 문법적으로도 이해할 수 있게 됐다. amor는 앞서 본 "사랑"이라는 의미의 3변화 명사[단수 소유격 amoris, 남성]다. 이탈리아어에서도 "사랑"을 비슷하게 amore라고 하는 것은 잘 알려진 사실이다. 복습 삼아 다시 한 번 이것의 변화를 말해 보자. amor[사랑이], amoris[사랑의], amori[사랑에게], amorem[사랑을], amore[사랑으로], amores[사랑들이], amorum[사랑들의], amoribus[사랑들에게], amores[사랑들을], amoribus[사랑들로] 처럼 말이다.

fati는 앞서 배운 2변화 중성 명사[argentum 등] 중 하나인 fatum[운명]의 소유격 형태이다.[2변화 중성 명사의 변화에 대해서는 1장 참조] 그래서

amor fati란 "운명의 사랑운명에 대한 사랑"이 되는 것이다. 혹시 여기서는 왜 amor와 fati 의 어미를 똑같이 맞춰주지 않는가 생각하는 분은 이 단어들이 둘 다 명사라는 것을 기억하자. 꾸며주는 명사에 성, 수, 격을 맞춰줘야 하는 것은 형용사나 형용사처럼 사용되는 대명사들meus-a-um 등 뿐이다. 자, 이렇게 amor fati라는 문구의 의미를 이해했을 뿐 아니라 그것을 문법적으로까지 분석하고 나니 다시 한번 아모르 파티라는 노래가 듣고 싶지 않은가?

좋아하는 사람을 만나서 주위에서 들리는 트로트곡에 대한 얘기를 하다가 라틴어와 니체에 대한 얘기까지 할 수 있다면 그 만남은 정말 풍성할 것 같다. 물론 단순히 지식을 자랑하는 자리가 되지 않는다는 가정 하에 말이다. 가급적 학술언어가 아닌 일상언어로 대화해야 할 것이고 자신만의 고유한 생각이 섞인 대화가 되도록 해야 할 것이다. 필자는 정말 재밌고 유익한 내용을 늘 잘난 척하는 뉘앙스로 말해서 항상 이성에게 딱지를 맞는 한 친구를 알고 있다. 우리의 대화도 그런 종류의 것이 돼서는 안될 것이다. 하지만 어떤 상황에서든 좌절할 필요는 없다. 어차피 우리는 자신이 처한 상황에서 계속 행복을 창조하기 위해 존재하는 것이니까.

Thema VI

배우는 일 자체가 진리다

3변화 중성 명사

동서양을 막론하고 대학교의 표어 중에는 라틴어로 쓰인 것이 많다. 아마 많은 사람들이 서울대학교의 표어가 “veritas lux mea[베리타스 룩스 메아]”라는 것을 알고 있을 것이다. 그것은 잘 알려졌듯이 “진리는 나의 빛”이라는 의미다. “진리”를 의미하는 veritas와 “나의 빛”이라는 뜻의 lux mea 사이에 be동사격인 est[에스트, ~이다]가 생략돼 있다. 이 모토는 진리를 우리의 삶을 밝혀주는 빛으로 여기고 그것을 추구한다는 의미일 것이다. 진리 추구의 요람인 대학교의 표어로서는 매우 적절한 문구라고 할 수 있다. 오래 전에 필자는 서울의 홍익대학교에 다니는 친구를 만나러 그 학교 도서관에 갔다가 어떤 라틴어 문구를 본 적이 있다. 물론 그때는 필자도 라틴어를 전혀 읽지 못할 때였다. 당시 생각이 나서 검색을 해 보니 그것은 아마도 “pro hominum beneficio[프로 호미눔 베네피치오]" 라는 문구였던 것 같다. 이것은 직역하면 "인간들의 이익을 위하여" 라는 뜻이다. 아마도 '인간을 널리 이롭게 한다'는 홍익인간의 정신을 라틴어로 표현해 놓은 것 같다. 홍익인간이란 한국의 단군신화를 배울 때 나오는 개념인데 이것조차 라틴어로 표현해 놓은 것이 인상적이었다. 과거 서양 지식인들의 언어였던 라틴어가 지금도 학문의 세계에서는 중요하게 여겨진다는 것을 이런 모습을 통해 짐작해 볼 수 있다.

물론 서양대학교의 표어들 역시 라틴어 문구로 된 경우가 많다. 영국에 있는 옥스포드대학교의 모토는 "Dominus illuminatio mea[도미누스 일루미나티오 메아]"다. 이것은 "주님[Dominus]은 나의 빛[illuminatio mea]"이라는 의미다. 뜻이나 느낌이 서울대학교 모토와 상당히 비슷하다. 차이가 있다면 진리의 자리에 주님, 즉 신[God]을 넣었다는 점이다. 옥스포드대학교가 세워진 시기[1096년]가 신과 신의 말씀 자체를 진리로 여기던 중세 시기이니 이런 표현을 쓸 만도 하다. 어쨌든 대학교의 모토에는 이렇게 "진리" 혹은 "빛"이라는 표현이 참 많이 나온다.

미국 뉴욕에 있는 콜럼비아대학교 표어에는 "빛"이 두 번이나 들어간다. "In lumine tuo videbimus lumen[인 루미네 투오 비데비무스 루멘]"은 "당신의 빛 안에서 우리는 빛을 볼 것이다"는 뜻이다. 여기서 "당신"이란 신을 의미한다. 신의 인도 하에 진리를 발견해 나가는 곳이라는 의미를 담아내려 한 것 같다.

그림으로 보는 라틴어

VERITAS LUX MEA

베리타스 룩스 메아, 진리는 나의 빛, 서울대학교

DOMINUS ILLUMINATIO MEA

도미누스 일루미나티오 메아, 주는 나의 빛, 옥스포드대학교

VERITAS

베리타스, 진리, 하버드대학교

IN LUMINE TUO VIDEBIMUS LUMEN

인 루미네 투오 비데비무스 루멘, 콜롬비아대학교

COGNITIO SAPIENTIA HUMANITAS

코그니티오, 사피엔시아, 후마니타스, 지식, 지혜, 인성, 맨체스터대학교

LUX ET VERITAS

룩스 에트 베리타스, 빛과 진리, 뉴욕대학교

세계 대학교들의 라틴어 문구로 된 표어. 로고 중앙에 있는 책은 지식의 보물창고를 가리킨다.

이 문장에서 두 번 언급되는 lumine와 lumen이라는 단어가 바로 "빛"이라는 것을 이미 눈치챈 분도 있을 것이다. 이것은 3변화 중성 명사로서 주격 lumen빛이, 소유격 luminis빛의, 여격 lumini빛에게, 목적격 lumen빛을, 탈격 lumine빛으로와 같이 변한다. 앞서 본 3변화 남녀성 명사와 비슷하지만 똑같지는 않으므로 각주의 표를 보고 그 변화를 잘 익히기 바란다.[26] 중성 명사답게 단수에서든 복수에서는 주격과 목적격은 똑같다는 것을 알 수 있다.

그렇다면 이제 "In lumine tuo"를 해석할 수 있지 않을까? "~안에"를 의미하는 전치사 in 이 탈격형 명사를 동반하기 때문에 lumen의 탈격형인 lumine를 써 주었다. 즉 "in lumine"란 "빛 안에서"라는 의미이다. 그렇다면 tuo는 뭘까? 이것은 앞서 본 "너의, 당신의"라는 의미의 소유형용사 tuus-a-um을 그것이 꾸며주는 lumine에 맞춰서 써 준 것이다.중성 단수 탈격, 3장 참조 결국 이 문구는 "당신의 빛 안에서"라는 의미가 된다.

혹시 유럽 여행을 하다가 "Corpus Christi코르푸스 크리스티"라

26

	단수	복수
주격	lumen 빛이	lumin**a** 빛들이
소유격	lumin**is** 빛의	lumin**um** 빛들의
여격	lumin**i** 빛에게	lumin**ibus** 빛들에게
목적격	lumen 빛을	lumin**a** 빛들을
탈격	lumin**e** 빛으로	lumin**ibus** 빛들로

레오나르도 다 빈치 〈최후의 만찬〉

는 이름이 붙은 교회나 성당을 본 적이 있는가? corpus는 "몸"이라는 의미의 라틴어로 "Corpus Christi"란 "그리스도의 몸"이라는 의미이다. 물론 Christi는 그리스도를 의미하는 명사 Christus의 소유격형이고 말이다. 종교나 역사에 관심이 많은 사람들은 서양의 유적지에서 "Hoc est corpus meum호크 에스트 코르푸스 메움"이라는 문구를 보거나 들어봤을 지도 모르겠다. 이 말은 예수가 죽기 직전 제자들과 가진 만찬최후의 만찬에서 빵을 가리키면서 "이것hoc이 나의 몸corpus meum이다"라고 한 것을 라틴어로 옮긴 말이다. 이런 문구들에 나온 corpus단수 소유격 corporis가 바로 대표적인 3변화 중성 명사 중 하나다. 앞서 배운 lumen의 변화에 따라 이것을 변화시켜 보자.[27] 이와 같이 변하

27 물론 이것은 주격 corpus(몸이), 소유격 corporis(몸의), 여격 corpori(몸에게), 목적격 corpus(몸을), 탈격 corpore(몸으로)와 같이 변화한다. 복수도 연습해 보자.

는 3변화 중성 명사에는 다음과 같은 것들이 있다. "노래[카르멘]"를 의미하는 carmen[소유격 carminis], "시간[템푸스]"을 의미하는 tempus[소유격 temporis], "여행[이테르]"을 의미하는 iter[소유격 itineris], "이름[노멘]"을 의미하는 nomen[소유격 nominis] 등. 다 어딘가 익숙한 단어들 아닌가? 한번 이 단어들을 하나씩 붙잡고 변화시켜 보자. 배부를 때 변화시켜 보면 금방 소화가 되는 효과까지 볼 수 있을 것이다.

위에서 본 대학교들의 표어들이 가르쳐 주듯이 본래 배움이란 우리 삶을 비추는 빛과 같은 것이다. 배움을 통해서 우리는 자기 자신과 세상을 이해하여 더 풍요롭고 발전된 삶을 살 수 있게 되기 때문이다. 늘 배우고 생각하고 변화되는 사람의 얼굴에서 빛이 나는 것은 이러한 이유 때문 아닐까. 어떤 매력을 가진 사람도 얼굴에 배움의 빛을 띄고 있는 사람보다 멋있지는 않은 것 같다. 단순히 진학이나 취업을 위해서 억지로 배움을 감행하는 사람도 많은 요즘 진리탐구를 인생의 빛이요 기쁨이라고 선언하는 대학교의 표어들은 곱씹을 여지가 많다.

Thema Ⅶ

건강한 몸에 건강한 마음이 깃든다

3변화 명사의 용례

살다 보면 꾸준히 운동하며 몸을 날렵하고 건강하게 가꾼 사람들을 만나는 경우가 있다. 그들은 그렇지 않은 사람들에 비해 보기 좋은 외모를 가졌을 뿐 아니라 성품도 더 친절하고 믿음직스럽게 느껴진다. 아마도 그들의 내면에 자신감과 안정감이 있다는 증거일 것이다. 이런 것을 보면 삶에서 건강이 가장 중요하다는 말은 정말 맞는 말인 것 같다.

라틴어에도 "Mens sana in corpore sano[멘스 사나 인 코포레 사노]"라는 말이 있다. 이것은 "건강한 육체 안에 건강한 정신[이 있다]"이라는 의미이다. 여기서 비슷하게 보이는 단어들[sana와 sano]이 대칭적으로 쓰인 것을 볼 수 있다. 이것은 둘 다 "건강한"이라는 의미의 1, 2변화 형용사 sanus-a-um이다. 그 어미가 다른 것은 물론 그것이 꾸며주는 명사들[mens와 corpore]의 성과 격이 다르기 때문이다. mens는 "마음, 정신"이라는 의미의 3변화 명사 mens[단수 소유격 mentis, 여성]의 주격형이다. 이것을 꾸며주는 형용사는 당연히 sana[여성 단수 주격]가 될 것이다. 그리고 corpore는 "몸, 육체"를 의미하는 corpus[단수 소유격 corporis, 중성]의 탈격형이다. 배웠다시피 "~안에"를 의미하는 전치사 in이 탈격형 명사를 동반하기 때문에 corpore가 쓰인 것이다. 이것을 꾸며주는 형용사는 sano[중성 단수 탈격]이 될 것이다. 이제 이 문장이 왜 "건강한 육체에 건강한 정신"이라는 의미인지 이해가 가지 않는가?

필자가 느끼기에 가벼운 운동을 할 때 머리 속으로 라틴어 명사변화 연습을 하면 운동의 효과가 훨씬 큰 것 같다. 운동의 경우에도 몸의 운동과 정신의 운동이 연결돼 있는 것일까.

함께 보기

3변화 중성 명사의 예외

최근에 필자는 직장 동료들과 바다가 보이는 한 펜션에서 묵은 적이 있다. 이때 묵었던 펜션의 이름은 "일 마레(mare)"다. 아마 유명한 파스타 식당 중에서도 이런 이름을 가진 식당이 있을 것이다. mare란 이탈리아어로 "바다(sea)"라는 뜻이며 같은 의미의 라틴어 명사인 mare에서 유래한 말이다. 이 mare는 3변화 중성 명사인데(단수 소유격 maris), 이렇게 그 단수 주격이 "-e"로 끝나는 3변화 중성 명사는 위에서 본 것과 살짝 다른 변화 형태를 보인다. 즉 주격 mare(바다가), 소유격 maris(바다의), 여격 mari(바다에게), 목적격 mare(바다를), 탈격 mari(바다로)와 같이 변화한다. 한번 표를 확인해 보자.[28] 탈격 어미가 e가 아니라 i라는 점을 기억하자. 복수에서도 i가 자주 들어간다. 이러한 형태를 갖는 3변화 중성 명사들로는 "침대"를 의미하는 쿠빌레cubile(단수 소유격 cubilis), "의자"를 의미하는 세딜레sedile(단수 소유격 sedilis) 등이 있다.

단수 주격이 "-al"나 "-ar"로 끝나는 3변화 중성 명사들도 이와 같은 변화 형태를 가지므로 참고하자. "동물"을 의미하는 아니말animal(단수 소유격 animalis), "모범, 사례"를 의미하는 엑셈플라exemplar(단수 소유격 exemplaris) 같은 것들이다.

28

	단수	복수
주격	mar**e** 바다가	mar**ia** 바다들이
소유격	mar**is** 바다의	mar**ium** 바다들의
여격	mar**i** 바다에게	mar**ibus** 바다들에게
목적격	mar**e** 바다를	mar**ia** 바다들을
탈격	mar**i** 바다로	mar**ibus** 바다들로

Thema Ⅷ

나는 생각한다 고로 존재한다

라틴어 1활용 동사

아마도 한국인들이 가장 많이 들어본 라틴어 문장은 흔히 "인생을 즐기라"는 의미로 이해되는 "carpe diem[카르페 디엠]"이나 "죽음을 기억하라"는 의미의 "memento mori[메멘토 모리]" 같은 것들이 아닐까 싶다. 하지만 이런 문구들이 알려지기 전부터 많은 사람들이 철학책이나 국민윤리 수업 등을 통해 "cogito ergo sum [코지토 에르고 숨]"이라는 라틴어 문구를 들어왔다. 르네 데카르트[Rene Decartes, 1596~1650]라는 프랑스 철학자가 말했다는 이 문장은 "나는 사유한다. 그러므로 존재한다"라는 의미를 갖고 있다. cogito 자체가 "나는 사유한다"는 의미이고 ergo는 "그러므로"라는 접속사[therefore], sum[숨]은 "나는 존재한다"라는 의미의 동사[am]이다. 즉 이것은 세 단어 밖에 안되지만 두 개의 절이 합쳐진 문장인 것이다. 관습이나 종교적인 통념에 의지하

로댕 박물관에 있는 로댕의 〈생각하는 사람〉(왼쪽)은 원래 〈지옥의 문〉(오른쪽)이란 조각품의 일부분으로 지옥에 있는 사람들을 내려다보고 있는 모습을 하고 있었다.

지 않고 자신의 이성과 사고력을 사용하여 세상을 주체적으로 파악하려고 하는 계몽주의의 정신을 상징하는 문장으로 알려져 있다. 사고하는 내가 존재한다는 사실이 그 어떤 것보다 확실한 진리이며 이러한 나를 중심으로 하여 주위의 모든 것을 이해하려고 해야 한다는 것이다. 그러나 설령 우리의 사고력과 판단력이 믿을 만하다고 한들 우리가 과연 머리로 판단한 대로 살아가는 존재인가? 데카르트적 계몽주의 사상은 현대에 들어 많은 도전과 비판을 받아왔다.

여기서 맨 뒤에 있는 sum은 영어의 be동사 같은 의미를 갖는다. 즉 "~이다" 혹은 "~있다/존재하다"라는 의미다. 원래 영어의 "be"에 해당하는 라틴어는 "에세esse"인데 영어의 be동사가 인칭과 수에 따라 am, are, is 등으로 변화하는 것처럼 이

esse도 인칭과 수에 따라 다른 형태를 갖는다. 즉, 이것은 1인칭 단수 sum[숨, 나는 ~이다], 2인칭 단수 es[에스, 너는 ~이다], 3인칭 단수 est[에스트, 그는 ~이다], 1인칭 복수 sumus[수무스, 우리는 ~이다], 2인칭 복수 estis[에스티스, 너희는 ~이다], 3인칭 복수 sunt[순트, 그들은 ~이다]와 같은 형태를 갖는다. 표를 통해서 철저하게 익혀보자.[29]

미국에 가면 가끔 팔에 “ego sum lux mundi[에고 숨 룩스 문디]”라고 쓰인 타투를 하고 다니는 사람들을 볼 수 있다. ego는 “나[I]”라는 뜻이고 mundi는 “세상”이라는 의미의 2변화 명사 mundus[문두스, 단수 소유격 mundi, 남성]의 소유격이므로 이 타투는 “나는 세상의 빛[lux]이다” 라는 의미이다. 성서에 보면 예수가 자신을 “세상의 빛”이라고 칭하는데 이것을 차용하여 자존감 넘치는 타투 문구를 만든 것이다. 또 성서에 보면 하나님이 모세라는 사람에게 자신을 소개하며 “나는 스스로 존재하는 자니라”라고 말하는 대목이 있다.[“I am who I am”] 이것을 라틴어로 하면 “sum qui sum[숨 퀴 숨]”이 된다.[qui는 영어로 who] 종종 ego[에고, 나], tu[투, 너], is[이스, 그], nos[노스, 우리], vos[보스, 너희] 같은 대명사를 주어로 사용하기는 하지만 라틴어에서는 동사 자체에 이미 그 주어의 인칭과 수에 대한 정보가 들어있다. 즉 sum의 경우 이미 “나”[I]

29

	단수	복수
1인칭	sum 나는 ~이다	sumus 우리는 ~이다
2인칭	es 너는 ~이다	estis 너희는 ~이다
3인칭	est 그는 ~이다	sunt 그들은 ~이다

[인칭 단수]가 문장의 주어임을 말하고 있다는 것이다. 이렇게 동사를 보고 인칭과 수까지 알 수 있기 때문에 라틴어 문장에서는 주어가 될만한 대명사 따위가 자주 생략되는 편이다. 예를 들어 위의 "ego sum lux mundi"는 그냥 "sum lux mundi" 라고 해도 된다.

언급됐듯이 cogito는 "나는 생각한다"라는 의미의 라틴어 동사이다. 이 동사의 원형은 cogitare[생각하다]라는 것인데 이 cogitare의 <현재 1인칭 단수형>이 cogito[나는 생각한다]인 것이다. 라틴어 문법에서 이렇게 <원형>의 어미가 -are이고 <현재 1인칭 단수형>의 어미가 -o인 동사를 <1활용 동사>라고 부른다. 물론 이 동사는 시제 및 주어의 인칭과 수에 따라 변화한다. 일단 현재시제만 보자면, 1인칭 단수는 방금 본 cogito[나는 생각한다], 2인칭 단수는 cogitas[너는 생각한다], 3인칭 단수 cogitat[그는 생각한다], 1인칭 복수 cogitamus[우리는 생각한다], 2인칭 복수 cogitatis[너희는 생각한다], 3인칭 복수 cogitant[그들은 생각한다]와 같다. 표를 보면서 천천히 확인해 보자.[30]

이제 왜 데카르트가 말한 "cogito ergo sum"이 "나는 생각한다 고로 존재한다"인지 이해할 수 있지 않은가? 많은 의미를

30

	단수	복수
1인칭	cogit**o** 나는 생각한다	cogit**amus** 우리는 생각한다
2인칭	cogit**as** 너는 생각한다	cogit**atis** 너희는 생각한다
3인칭	cogit**at** 그는 생각한다	cogit**ant** 그들은 생각한다

함축하고 있지만 문법적으로는 간단한 문장이다. 동사 어미들을 잘 기억하면서 여러 번 읽어 보자. 여기서도 물론 동사 자체에 주어에 대한 정보가 포함되는 것을 확인할 수 있다. 이제 우리는 앞서 본 데카르트의 문구를 조금 바꿔서 "그는 생각한다. 그러므로 [그는] 존재한다"라는 문장을 라작해 볼 수 있다. 당연히 그것은 "Cogitat ergo est"가 될 것이다.

이와 같은 방식으로 변화하는 1활용 동사들에는 "사랑하다[아마레]"는 의미의 amare[현재 1인칭 단수 amo], "주다[다레]"는 의미의 dare[현재 1인칭 단수 do], "칭찬하다, 찬양하다[라우다레]"는 의미의 laudare[현재 1인칭 단수 laudo], "꾸짖다[비투페라레]"는 의미의 vituperare[현재 1인칭 단수 vitupero], "창조하다[크레아레]"는 의미의 creare[현재 1인칭 단수 creo], "자유케 하다[리베라레]"는 의미의 liberare[현재 1인칭 단수 libero], "싸우다, 전쟁하다[밀리타레]"는 의미의 militare[현재 1인칭 단수 milito], "꾸미다, 장식하다[오르나레]"는 의미의 ornare[현재 1인칭 단수 orno], "넘쳐나다[아분다레]"는 의미의 abundare[현재 1인칭 단수 abundo]등이 있다.

한번 amo를 인칭과 수대로 변화시켜 볼까? 그것은 amo[나는 사랑한다], amas[너는 사랑한다], amat[그는 사랑한다], amamus[우리는 사랑한다], amatis[너희는 사랑한다], amant[그들은 사랑한다]가 될 것이다. 방금 본 laudare라는 동사를 사용하여 "농부[agricola]들은 부지런한[industrius-a-um] 말들을 칭찬한다"라는 문장을 라작해 보자. 주어가 3인칭 복수[농부들]이므로 동사도 그에 맞는 형태로 써줘야 한다는 것을 기억하면서 말이다. 정답은 각주에 있다.[31] 라틴어로 아내[욱소르]를 uxor[단수 소유격 uxoris, 여성]라고 한다. 이것을 기억하며 “아내는 겁많은[timidus-a-um] 남편[maritus]을 꾸짖는다”라는 문장도 한 번 라틴어로 만들어 볼까?[32]

흔히 TV프로그램이나 영화의 장면에 곁들여지는 사람의 말을 나레이션이라고 한다. 이 나레이션을 담당하는 사람을 나레이터라고 하는 것 또한 우리가 잘 아는 사실이다. 이 나레이션이나 나레이터 같은 말들은 모두 “말하다[나라레]”라는 의미의 라틴어 동사 narrare[현재 1인칭 단수 narro]에서 나온 말이다.

혹시 <해비타트운동>이라는 말을 들어본 적이 있는가? 이것은 경제적으로 열악한 사람들에게 살 만한 주거지를 마련해 주는 국제기구와 그들의 활동을 의미한다. 영어로 해비타트[habitat]는 생물들의 서식지를 의미한다. 이 단어 또한 “거주하다[하비타레]”는 의미의 라틴어 동사 habitare[현재 1인칭 단수 habito]에서 유래한 말이다. 물론 narrare와 habitare 모두 1활용 동사들이다. 이렇게 정말 별의별 단어들이 다 라틴어 기원을 갖고 있는 것을 보면 라틴어가 우리에게 멀리 떨어진 언어라는 생각은 정말 잘못된 것 같다. 모든 라틴어가 그렇지만 특히 방금 본 1활용 동사에는 우리에게 낯익고 반가운 것들이 많은 편이다.

---

31 Agricolae laudant equos industrios.

32 Uxor vituperat maritum timidum.

Thema IX

나는 공부한다 고로 존재한다

라틴어 2~4활용 동사

라틴어에는 방금 본 1활용 동사를 포함해 총 4종류의 동사가 있다.[1~4활용] 이 동사들는 다 각자의 방식으로 변화하기 때문에 구분하여 익혀둬야 한다. 예를 들어 "공부하다, 몰두하다"는 의미의 studere[스투데레]라는 동사가 있다. 이것의 현재 1인칭 단수형은 studeo[나는 공부한다]로, 이렇게 <원형>의 어미가 -ere이고 <현재 1인칭 단수형>의 어미가 -eo인 동사를 통틀어 <2활용 동사>라고 한다. 표를 통해 이 2활용 동사의 변화 형태를 확인하고 익혀보자.[33] 물론 앞서 본 cogito의 변화 형태와 사뭇 다르다. 표를 익혔으면 한번 "나는 공부한다, 고로 존재한다"

33

	단수	복수
1인칭	stud**eo** 나는 공부한다	stud**emus** 우리는 공부한다
2인칭	stud**es** 너는 공부한다	stud**etis** 너희는 공부한다
3인칭	stud**et** 그는 공부한다	stud**ent** 그들은 공부한다

라는 문장을 만들어 볼까?[34]

이 2활용에 속하는 동사들에는 "꽃피다[플로레레]"라는 의미의 florere[현재 1인칭 단수 floreo], "권고하다[모네레]"라는 의미의 monere[현재 1인칭 단수 moneo], "가르치다[도체레]"는 의미의 docere[현재 1인칭 단수 doceo], "없애다, 파괴하다[델레레]"라는 의미의 delere[현재 1인칭 단수 deleo], "갖다, 소유하다[하베레]"라는 의미의 habere[현재 1인칭 단수 habeo] 같은 것들이 있다. 한번 studere의 변화를 기억하며 이 동사들도 변화시켜 보자.

3활용 동사는 <원형>의 어미가 -ere이고 <현재 1인칭 단수형>의 어미가 -o인 동사들이다. 이 3활용 동사 중 우리에게 익

34 Studeo, ergo sum.

숙할 만한 것은 "읽다[레제레]"는 의미의 legere[현재 1인칭 단수 lego], "살다[비베레]"는 의미의 vivere[현재 1인칭 단수 vivo], "배우다[디쉐레]"는 의미의 discere[현재 1인칭 단수 disco], "말하다[디체레]"라는 의미의 dicere[현재 1인칭 단수 dico], "쓰다[스크리베레]"라는 의미의 scribere[현재 1인칭 단수 scribo], "승리하다[빈체레]"는 의미의 vincere[현재 1인칭 단수 vinco] 같은 것들이 있다. 이 동사의 변화는 각주를 참조하자.[35] 영어 단어 중 vivid[생생한], survive[살아남다], revive[되살아나다], vital[생명의], vitamin[비타민] 등과 같이 "생명, 살다"라는 의미를 지닌 단어들의 뿌리가 바로 방금 본 vivere[살다]에 있다는 것을 쉽게 짐작할 수 있을 것이다.

4활용 동사는 <원형>의 어미는 -ire이며 <현재 1인칭 단수형>의 어미가 -io인 동사들이다. 여기에는 "듣다[오디레]"는 의미의 audire[현재 1인칭 단수 audio], "섬기다[세르비레]"는 의미의 servire[현재 1인칭 단수 servio], "벌주다[푸니레]"는 의미의 punire[현재 1인칭 단수 punio], "교육하다[에루디레]"는 의미의 erudire[현재 1인칭 단수 erudio], "알다[쉬레]"는

35 3활용 동사 legere를 변화시키면 다음과 같다.

	단수	복수
1인칭	leg**o** 나는 읽는다	leg**imus** 우리는 읽는다
2인칭	leg**is** 너는 읽는다	leg**itis** 너희는 읽는다
3인칭	leg**it** 그는 읽는다	leg**unt** 그들은 읽는다

의미의 scire[현재 1인칭 단수 scio] 같은 것들이 있다.[36] 각주의 표를 통해 변화 형태를 익혔다면 한번 "친구들이 내 노래를 듣는다"라는 문장을 만들어 볼까? "듣다"라는 의미의 audire와 "노래"를 의미하는 carmen[단수 소유격 carminis, 중성]을 활용해서 말이다. 물론 주어가 "친구들이"이므로 동사는 audire의 현재 3인칭 복수형을 써야 한다.[37]

예전에 어떤 아이돌 그룹의 성공요인이 각기 다른 개성을 가진 멤버들에 있다는 이야기를 들은 적 있다. 한 그룹 안에 있는 다양성이 그들로 하여금 더 많은 인기와 관심을 받게 했다는 것이다. 각기 다른 방식으로 변화되는 라틴어 1~4활용 동사들도, 비록 처음에는 공부하는 것이 번거롭지만, 잘 익히면 라틴어공부 하는 재미를 배가시켜 줄 것이다.

---

36 4활용 동사 audire를 변화시키면 다음과 같다.

	단수	복수
1인칭	audi**o** 나는 듣는다	aud**imus** 우리는 듣는다
2인칭	audi**s** 너는 듣는다	aud**itis** 너희는 듣는다
3인칭	audi**t** 그는 듣는다	aud**iunt** 그들은 듣는다

37 Amici audiunt carmen meum.

함께 보기

동사 공부하는 법

라틴어 동사를 공부할 때는 반드시 동사의 <현재 1인칭 단수형>과 <원형>을 함께 외워주어야 한다. 그래야 어떤 활용에 속하는 지 알아서 올바르게 변화시킬 수 있기 때문이다. 그리고 동사를 외울 때는 <현재 1인칭 단수형> 및 <원형>을 아는 것과 더불어 불규칙적인 형태가 많은 <과거 1인칭 단수형>과 <과거분사형(혹은 목적분사형)>도 함께 암기해 주어야 한다.

예를 들어 amare(사랑하다)는 본래 amo-amare-amavi-amatum을 함께 외워야 한다. 우리가 봤다시피 amo는 <현재 1인칭 단수형>이고 amare는 동사의 <원형>이며, 나중에 배우겠지만 amavi는 <과거 1인칭 단수형>, amatum은 <과거분사형>이다. 외울 게 많다고 해서 겁먹을 필요는 없다. <과거 1인칭 단수형>이나 <과거분사형> 같은 경우 불규칙적이긴 한데 알게 모르게 이 불규칙함에도 패턴이 있어서 몇 번 외우다 보면 익숙해진다.

당연히 라틴어 사전에서 동사를 찾으면 언제나 이러한 네 개의 단어(현재 1인칭 단수형 - 동사의 원형- 과거 1인칭 단수형 - 과거분사형)를 한꺼번에 욀 수 있게 표기가 돼 있다. 예를 들어 사전에서 "생각하다"는 의미의 cogito라는 단어를 찾으면 congito(현재 1인칭 단수형)-cogitare(원형)-cogitavi(과거 1인칭 단수형)-cogitatum(과거분사)이 다 나오며, 이것이 1활용 동사(first conjugation)이라는 말까지 표기된다.

amo나 cogito 같은 1활용 동사의 경우는 <과거 1인칭 단수형>과 <과거분사형>이 대개 규칙적이지만(-avi, -atum)[38] 다른 활용에서는 그렇지 않은 경우가 많으니 어쩔 수 없이 동사를 외울 때는 <과거 1인칭 단수형>과 <과거분사형>까지 다 외워주어야 한다. 예를 들어 방금 위에서 본 "갖다, 소유하다"라는 의미의 2활용 동사 habere의 경우 그 <과거 1인칭 단수형>이 habui(나는 소유했다)이며 같은 2활용에 속하는 동사인 delere의 경우에는 그 <과거 1

---

38 "주다"라는 의미의 dare(현재 1인칭 단수 do)처럼 1활용이지만 과거형이 불규칙적인 동사도 있다(do-dare-**dedi**-datum).

인칭 단수형>이 delevi(나는 파괴했다)이다. 이렇게 같은 2활용에 속하는 동사들끼리도 그 <과거 1인칭 단수형>의 모습이 상이하기 때문에 각각을 외우는 수밖에 없는 것이다. 한번 라틴어 사전을 구입하여 단어들이 표기되는 모습을 확인해 보자.

sum동사의 원형과 과거형

참고로 라틴어의 be동사 격인 sum(나는 ~이다)의 경우도 <현재 1인칭 단수형>과 <동사원형> 그리고 <과거 1인칭 단수형>이 있으며 이것을 다 외워줘야 한다. 즉 현재 1인칭 단수형인 sum(나는 ~이다)의 원형은 esse이고 과거형은 fui(나는 ~이었다)이다.(sum-esse-fui) 다만 과거분사는 따로 없다.

Thema X

라틴어는 인생이다

동사의 시제

클래식 음악과 담쌓고 사는 사람이라도 아마 수염난 테너 루치아노 파바로티Luciano Pavarotti, 1935~2007가 부르는 "공주는 잠 못 이루고nessun dorma"라는 아리아aria는 들어본 적이 있을 것이다.오페라에 나오는 독창곡을 아리아라고 한다. 제목만으로는 생소하다면 한 번 인터넷으로 검색을 해서 들어보기 바란다. 틀림없이 여러분들의 귀에 많이 익은 곡일 것이다. 이 곡은 이탈리아 작곡가 자코모 푸치니Giacomo Puccini, 1858~1924의 오페라 <투란도트Turandot>에 나오는 아리아로서 주인공인 칼라프 왕자가 자신이 사랑하는 투란도트 공주와 결혼하기 위하여 공주에게 일종의 내기를 제안한 후, 이 내기에서 결국 자신이 이길 것임을 확신하며 부르는 가슴 벅찬 노래이다. 비장하면서도 사랑하는 여인을 차지하리라는 기대감으로 가득차 있는 곡이라고 할 수

자코모 푸치니의 오페라 〈투란도트〉 홍보용 포스터, 1926

있다. 이 노래에서 가장 유명한 부분은 맨 마지막 부분, 즉 칼라프 왕자가 "빈체로~~빈체~~~로"라고 외치는 부분이다. 여기서 빈체로vincero란 이탈리아어로 "승리할 것이다"라는 의미이다. 테너가 연속되는 고음으로 부르는 이 대목은 내기에서 이겨 사랑하는 여자를 차지하려는 젊은 왕자의 설레는 감정

카이사르에게 항복하는 베르킨게토릭스

을 잘 드러내고 있다. 특히 2007년에 작고한 전설적인 테너 루치아노 파바로티의 목소리를 통해 이 노래는 세계인들의 많은 사랑을 받았다.

이 노래의 마지막 대사인 "빈체로[Vincero, 승리할 것이다]"의 어원이 된 라틴어는 "이기다, 승리하다, 정복하다"라는 의미의 vincere이다. 이것은 그 현재 1인칭 단수형이 vinco[나는 승리한다]인 3활용 동사이다. 사전에서 이 동사를 찾으면 vinco-vincere-vici-victum을 함께 확인할 수 있을 것이다. 앞서 배운 것을 적용해 보자면 첫 번째 vinco는 <현재 1인칭 단수형>인 "나는 승리한다"이며, 두 번째 vincere는 이 동사의 <원형>, 세 번째 vici는 "나는 승리했다"라는 의미의 <과거 1인칭

단수형>, 네 번째 victum은 "승리된, 정복된"이라는 의미를 갖는 <과거분사형>이다.

아마 많은 한국인이 고대 로마의 장군 카이사르가 말했다는 "왔노라, 보았노라, 이겼노라[veni, vidi, vici]"라는 문구를 알고 있을 것이다. 그는 폰투스[Pontus]라는 나라를 가뿐히 정복한 후 로마 원로원에게 그와 같이 군더더기 없고 강렬한 문구를 적어서 보냈다고 알려져 있다. 카이사르가 갖고 있었던 군인으로서의 자부심과 화끈함을 엿볼 수 있는 표현이다. 여기서 마지막에 나온 "이겼노라"라는 말이 방금 본 vinco의 과거 1인칭 단수형인 vici["나는 승리했다"]이다. 자, 이제 우리는 파바로티가 부르는 승리의 노래를 들으며 로마군인 카이사르의 승리까지 연상할 수 있게 되었다.

그렇다면 동사의 과거형은 어떻게 변화할까? 혹시 라틴어의 be동사격인 sum[나는 ~이다]의 과거형이 fui[나는 ~이었다]였다는 것을 기억하는가? 이 fui가 어떻게 변화하는 지 알면 과거형의 변화 형태는 금세 익숙해 질 수 있다. 이것은 1인칭 단수 fui[나는 ~이었다], 2인칭 단수 fuisti[너는 ~이었다], 3인칭 단수 fuit[그는 ~이었다], 1인칭 복수 fuimus[우리는 ~이었다], 2인칭 복수 fuistis[너희는 ~이었다], 3인칭 복수 fuerunt[그들은 ~이었다]로 변화한다.

앞서 봤다시피 동사들의 과거 1인칭 단수형은 불규칙형태가 많기는 하지만, 이 과거형 어미는 모든 종류의 모든 동사에서

동일하므로 외워두면 아주 편리하다.[i-isti-it-imus-istis-erunt]

그렇다면 위에서 본 카이사르의 말 vici[나는 승리했다]라는 과거 1인칭 단수형을 한번 변화시켜 보자. 그것은 vici[나는 승리했다], vicisti[너는 승리했다], vicit[그는 승리했다], vicimus[우리는 승리했다], vicistis[너희는 승리했다], vicerunt[그들은 승리했다]라는 것을 쉽게 알 수 있을 것이다. amare[사랑하다]의 과거 1인칭 단수인 amavi[나는 사랑했다]의 경우에는 어떨까? 역시 어미만 같은 식으로 바꿔주면 되니 스스로 연습해 보자.

지금까지 라틴어 동사의 <현재형>과 <과거형>만을 알아봤는데, 사실 라틴어는 <현재, 반과거, 미래, 과거, 대과거, 미래완료>라는 6개의 시제를 갖는다. 물론 현재형이 그런 것처럼 각 시제들은 인칭과 수에 따라[단수 1,2,3인칭과 복수 1,2,3인칭을 의미] 변화한다. 이름이 생소할 수 있는 <반과거> 시제란 한국어로는 그냥 과거시제처럼 "~했다"로 번역되지만 누군가가 단순히 과거에 어떤 일을 습관적으로 반복했다는 의미를 내포하고 있다. 그 행위의 결과에는 관심 없이 막연히 누가 어떤 일을 했던 것을 의미하는 시제인 것이다. 그에 비해 우리가 앞서 본 <과거시제>는 과거의 어떤 행위가 이제는 종료되었다는 의미를 담고 있다. 즉 완료의 의미를 갖고 있는 시제인 것이다.[이런 이유 때문에 많은 라틴어 교재들에서 과거시제를 "완료" 혹은 "전과거" 시제라고 표현한다.]

<대과거>는 과거보다 더 과거에 벌어졌던 상황을 표현하는

시제이며, <미래완료>는 미래와 비슷하지만 미래보다 한단계 앞서서 마쳐질 일들을 표현할 때 사용되는 시제이다. 이를테면 “나는 집에 가면 숙제를 할 것이다”라는 미래형 문장에서 <집에 가는 일>은 숙제를 하기 위해 완료돼야 하는 일이므로 미래완료형을 쓴다. 그러면 먼저 esse동사[~이다]가 이 시제들에서 어떤 모습을 갖는지 각주를 통해 확인해 볼까?[39]

물론 앞서 본 1~4활용 동사들도 이러한 시제들을 다 갖고 있다. 중요한 것은 그 종류별[활용별]로 방금 본 6개 시제들이 형성되는 양상이 다르다는 것이다. 한번 이 챕터 끝에 나오는 동사 종류별 변화표를 보도록 하자. 각 시제에서 변화되는 모양들이 동사 종류마다 다르다는 것을 알 수 있을 것이다. 이것을 일일이 익히는 것은 사실 쉬운 일이 아니며, 이 과정이야말로 라틴어에 자신감을 갖기 위해 거쳐야 하는 일종의 관문이라고 할 수 있다.

---

39 esse 동사 (~이다, ~있다)의 변화표

		미완료			완료		
		현재 ~이다	반과거 ~이었다	미래 ~일 것이다	과거 ~이었다	대과거 ~이었었다	미래완료 ~이겠다
단수	1인칭 (나는)	sum	eram	ero	fui	fueram	fuero
	2인칭 (너는)	es	eras	eris	fuisti	fueras	fueris
	3인칭 (그는)	est	erat	erit	fuit	fuerat	fuerit
복수	1인칭 (우리는)	sumus	eramus	erimus	fuimus	fueramus	fuerimus
	2인칭 (너희는)	estis	eratis	eritis	fuistis	fueratis	fueritis
	3인칭 (그들은)	sunt	erant	erunt	fuerunt	fuerant	fuerint

하지만 겁먹을 필요까지는 없다. 앞서 본 6개의 시제현재, 반과거, 미래, 과거, 대과거, 미래완료 중 완료의 의미를 갖는 뒤의 세 시제, 즉 과거, 대과거, 미래완료의 경우에는 익히기 아주 쉬우니까 말이다. 이 시제들은 동사의 종류에 관계없이 그 <과거 1인칭 단수형>에 일괄적인 어미를 붙여서 변화시켜준다. 위에서 동사의 과거시제는 그 <과거 1인칭 단수형>에 sum의 과거시제 어미들fui-fuisti-fuit-fuimus-fuistis-fuerunt의 어미들을 붙여서 만든다는 것을 보았다. 이것은 대과거시제와 미래완료시제의 경우에도 마찬가지다. 즉 동사들의 <과거 1인칭 단수형>물론 이것은 동사를 외우며 함께 외워줘야 한다에 sum동사esse동사의 대과거시제 어미들과 미래완료시제 어미들을 붙여주면 된다는 것이다.sum동사의 변화표와 다른 동사들의 변화표를 비교해 보면 무슨 말인지 쉽게 이해할 수 있을 것이다. 따라서 일단 sum동사의 변화를 철저히 익히는 것이 중요하다.각주 39 참조

다시 말하지만 그 종류에 따른 라틴어 동사의 시제별 변화형태를 외우는 일은 쉽지 않다. 하지만 이것만 넘기면 라틴어를 독해할 수 있는 수준에 상당히 근접한 것이다. 여전히 자잘하게 공부해야 할 사항들은 존재하지만, 동사변화를 익히고 나면 그런 것은 가벼운 마음으로 해치울 수 있다는 자신감이 생긴다. 마치 동트기 전에 가장 어둡듯이 이 어려운 동사변화들을 익히고 나면 몰라보게 라틴어와 친해진 자신을 발견할 수 있게 된다. 그렇게 생각하면 동사변화가 왠지 고맙게 느껴지기

도 한다.

모든 외국어가 다 그렇지만 라틴어에도 한국인에게는 생소하고 까다로운 면이 존재한다. 특히 대부분 한국인은 라틴어 명사에 있는 문법적 성[性] 개념이라든지[남성, 여성, 중성], 성, 수, 격에 따른 명사 및 형용사의 어미 변화, 그리고 방금 본 동사의 변화 같은 내용들을 어렵게 느낀다. 그러나 아무리 어려운 내용이라도 처음부터 끝까지 어려운 것은 아니며 어느 부분에선가는 난해함을 완화시켜주는 측면도 발견할 수 있다. 마치 우리들의 인생이 그러한 것처럼 말이다. 라틴어를 배운다는 것은 이렇게 긴장과 이완으로 가득한 우리의 인생을 배우는 것과 같다.

1활용 동사

amare 사랑하다, amo-amare-amavi-amatum의 변화

		미완료			완료		
		현재 사랑한다	반과거 사랑했다	미래 사랑할 것이다	과거 사랑했다	대과거 사랑했었다	미래완료 사랑하겠다
단수	1인칭 (나는)	amo	amabam	amabo	amavi	amaveram	amavero
	2인칭 (너는)	amas	amabas	amabis	amavisti	amaveras	amaveris
	3인칭 (그는)	amat	amabat	amabit	amavit	amaverat	amaverit
복수	1인칭 (우리는)	amamus	amabamus	amabimus	amavimus	amaveramus	amaverimus
	2인칭 (너희는)	amatis	amabatis	amabitis	amavistis	amaveratis	amaveritis
	3인칭 (그들은)	amant	amabant	amabunt	amaverunt	amaverant	amaverint

2활용 동사

monere 권고하다, moneo-monere-monui-monitum의 변화

		미완료			완료		
		현재 권고한다	반과거 권고했다	미래 권고할 것이다	과거 권고했다	대과거 권고했었다	미래완료 권고하겠다
단수	1인칭 (나는)	moneo	monebam	monebo	monui	monueram	monuero
	2인칭 (너는)	mones	monebas	monebis	monuisti	monueras	monueris
	3인칭 (그는)	monet	monebat	monebit	monuit	monuerat	monuerit
복수	1인칭 (우리는)	monemus	monebamus	monebimus	monuimus	monueramus	monuerimus
	2인칭 (너희는)	monetis	monebatis	monebitis	monuistis	monueratis	monueritis
	3인칭 (그들은)	monent	monebant	monebunt	monuerunt	monuerant	monuerint

3활용 동사

legere 읽다, lego-legere-legi-lectum의 변화

		미완료			완료		
		현재 읽는다	반과거 읽었다	미래 읽을 것이다	과거 읽었다	대과거 읽었었다	미래완료 읽겠다
단수	1인칭 (나는)	lego	legebam	legam	legi	legeram	legero
	2인칭 (너는)	legis	legebas	leges	legisti	legeras	legeris
	3인칭 (그는)	legit	legebat	leget	legit	legerat	legerit
복수	1인칭 (우리는)	legimus	legebamus	legemus	legimus	legeramus	legerimus
	2인칭 (너희는)	legitis	legebatis	legetis	legistis	legeratis	legeritis
	3인칭 (그들은)	legunt	legebant	legent	legerunt	legerant	legerint

4활용 동사

audire 듣다, audio-audire-audivi-auditum의 변화

		미완료			완료		
		현재 듣는다	반과거 들었다	미래 들을 것이다	과거 들었다	대과거 들었었다	미래완료 듣겠다
단수	1인칭 (나는)	audio	audiebam	audiam	audivi	audiveram	audivero
	2인칭 (너는)	audis	audiebas	audies	audivisti	audiveras	audiveris
	3인칭 (그는)	audit	audiebat	audiet	audivit	audiverat	audiverit
복수	1인칭 (우리는)	audimus	audiebamus	audiemus	audivimus	audiveramus	audiverimus
	2인칭 (너희는)	auditis	audiebatis	audietis	audivistis	audiveratis	audiveritis
	3인칭 (그들은)	audiunt	audiebant	audient	audiverunt	audiverant	audiverint

Thema XI

싸울 때에도 라틴어로

동사원형의 명사적 용법

필자는 영국에 처음 갔을 때 맨체스터Manchester에는 있는 유명한 축구장Etihad Stadium에서 축구를 관람한 적이 있다. 그곳은 한국에도 잘 알려진 맨체스터 시티 팀Manchester City FC의 홈구장으로 쓰이는 곳이다. 필자는 처음 그곳에 갔을 때 축구장 안팎에서 응원하는 영국 축구팬들의 모습이 평소 영국인들에게서 느낀 신사다운 이미지와 너무 거리가 멀어서 놀랐었다. 그들의 모습은 오히려 그들의 터프한 조상인 게르만 족이 전쟁터로 뛰어드는 광경을 연상시킬 정도였다.

그런 열광적인 분위기 속에서 어떤 라틴어 문구가 눈에 띄었는데 그것은 맨체스터 시티 팀의 깃발 위에 적힌 “Superbia in Proelio수페르비아 인 프룉리오”라는 문구였다. Superbia는 “자부심, 오만함” 이라는 의미의 명사단수 소유격 superbiae, 여성이다. 그리고 proelio은 "전투, 싸움프뢸리움"이라는 의미의 명사 proelium 단수 소유격 proelii, 중성의 탈격형이다. "~안에"를 의미하는 전치사 in이 탈격형 명사를 동반하기에 탈격형인 proelio를 쓴 것이다. 그렇다면 이 문구의 의미는 "전투 속에서의 자부심" 이라는 의미가 될 것이다. 전투와도 같은 치열한 축구경기에서 자부심 있게 싸우고자 하는 마음을 표현한 것일까? 혹은 단순히 축구 명문 구단으로서 실력의 자부심을 표현한 말일 수도 있다. 이것이 어디서 기원한 말인지는 모르지만 아마 전쟁이 많았던 고대 로마인들도 이러한 마인드로 전쟁에 임했을 것 같다. 모든 전쟁은 결국 자부심을 지키고자 하는 싸움이기 때문이다.

그렇다면 우리나라의 손흥민 선수가 뛰고 있는 영국의 토트넘 홋스퍼Tottenham Hotspur팀의 모토는 무엇일까. 그것도 역시 "Audere est facere오데레 에스트 파체레" 라는 라틴어 문구다. 유명 축구팀들의 모토가 이렇게 라틴어도 돼 있다는 사실이 인상적이다. 자부심을 표현하기에는 라틴어가 가장 적절하다고 생각하는 것일까? 어쨌든 이것은 "도전하는 것이 행동하는 것이다.To dare is to do"라는 뜻이다. 상대가 누구이든 맹렬하게 도전하는 정신을 기리는 표현이라고 할 수 있다. 어쩌면 우리의 삶 자체가 무엇엔가 도전하는 과정이라고도 할 수 있지 않을까?

audere는 "감히 ~하다"라는 의미의 2활용 동사현재 1인칭 단수형 audeo이고, facere 는 "행하다, 만들다"라는 의미의 3활용 동사

현재 1인칭 단수형 facio 이다.[40] 둘 다 자주 나오는 동사들이니 잘 기억해 두자. 각각 audeo-audere-ausi-ausum, facio-facere-feci-factum 또한 동사의 원형이 문장에 나올 경우 이렇게 명사적으로 도전하는 것, 행동하는 것 등 해석된다는 사실도 기억해 두자.

---

40 facere의 경우, 원형의 어미가 -ere인 3활용 동사이지만 변화는 4활용처럼 되므로 표를 보고 그 변화 형태를 숙지해 보자. 라틴어에는 이러한 3활용 동사가 몇 개 있다.

	단수	복수
1인칭	fac**io** 나는 행한다	fac**imus** 우리는 행한다
2인칭	fac**is** 너는 행한다	fac**itis** 너희는 행한다
3인칭	fac**it** 그는 행한다	fac**iunt** 그들은 행한다

Thema XII

겸손이 실력이다

라틴어 수사

"지금도 꿈꾸는 프리마돈나."

얼마 전 소프라노 조수미에 대한 뉴스의 기사 제목이 이렇게 뜬 것을 본 적이 있다. 아마도 TV나 라디오에서 마리아 칼라스나 조수미와 같이 유명한 여자 성악가들을 이렇게 "프리마돈나"라고 칭하는 것을 본 적 있을 것이다. 그런데 많은 사람들이 "마돈나"라는 미국 영화배우의 이름에 익숙하기 때문인지 프라마돈나라는 이탈리아어 표현을 들으면 으레 이것이 "프리 + 마돈나"일 거라고 생각한다. "프리"라는 말과 "마돈나"라는 말이 합쳐진 표현으로 생각하기 십상이라는 것이다. 하지만 이것은 "프리마"와 "돈나"라는 말이 조합된 것이다. "첫째, 으뜸, 최고"라는 의미의 이탈리아어 프리마prima와 "여성"을 뜻하는 "돈나donna"가 합쳐진 말이다.

이것들은 물론 이탈리아어지만 사실 프리마prima는 “첫 번째”를 의미하는 라틴어 순서수사서수 primus-a-m에서 나온 것이다. 라틴어에서 서수는 일종의 형용사로 보기 때문에 1, 2변화 형용사처럼 변화시켜 준다.3장 참조 즉 그것이 꾸며주는 명사의 성, 수, 격에 맞춰가며 사용한다는 것이다. “첫 번째 말horse”이라고 하면 뭘까? Primus equus이다. “나는 첫째 딸을 칭찬한다”를 라틴어로 말하면 “laudo primam filiam라우도 프리맘 필리암”이고, “신은 첫 번째 인간을 창조했다”는 “Deus creavit hominem primum데우스 크레아빗 호미넴 프리뭄”이다. "창조하다"라는 동사는 creo-creare-creavi-creatum이다. 지금까지 배웠던 사항들을 복습해 보자.

그렇다면 라틴어로 “두 번째의세쿤두스”는 뭘까. 영어를 second가 생각나는 secundus-a-um이다. 또한 “세 번째의테르치우스”는 tertius-a-um이고, “네 번째의콰르투스”는 quartus-a-um이다. 우리에게 꽤나 익숙한 단어들이니 계속 열거해 보자면, 다섯 번째퀸투스는 quintus-a-um, 여섯 번째섹스투스는 sextus-a-um, 일곱 번째셉티무스는 septimus-a-um, 여덟 번째옥타부스는 octavus-a-um, 아홉 번째노누스는 nonus-a-um, 열 번째데치무스는 decimus-a-um이다. 특히 클래식 음악을 좋아하는 사람들은 이 단어들에 매우 익숙할 것이다. 네 대의 현악기로 연주하는 현악사중주를 영어로 퀄텟quartet이라고 하고, 다섯 대의 악기가 연주하는 5중주는 퀸텟quintet이라고 하며 〈숭어Die Forelle〉라

프리마돈나 클리퍼십 카드

프리마 PRIMA 첫째, 으뜸, 최고 + 돈나 DONNA 여성는 제목의 유명한 피아노 5중주곡(quintet)이 있다. 6중주는 섹스텟sextet, 8중주는 옥텟octet이라고 하니까. 물론 이 수사들을 보면서 september9월, october10월, november11월, december12월와 같은 영어의 달月 이름들을 발견하는 사람도 있을 것이다.

그런데 september는 분명 9월인데 라틴어로 septimus-a-um가 아홉 번째가 아닌 일곱 번째를 의미한다는 것이 이상하지 않은가? 그 뒤의 숫자들도 마찬가지다. 영어의 달月이름이 되면서 숫자가 뒤로 2칸씩 밀린 느낌이다. 전해지기로는 로마의 영웅인 율리우스 카이사르Julius Caesar가 죽었을 때 그의 후계자였던 로마의 황제 아우구스투스Augustus가 카이사르를 기리고자 그의 생일이 있는 7월을 카이사르의 이름Julius을 따서 July로 하고, 다음 달인 8월은 후계자인 자신의 이름을 따서 August라고 명명했다고 한다. 그러면서 달이름에서는 숫자들이 두 칸씩 뒤로 밀리게 된 것이다.

어쩌다 보니 순서수사서수부터 공부하게 됐는게 그냥 1, 2, 3과 같은 숫자를 의미하는 기수도 알아보자. 물론 기수도 형용사처럼 쓰이지만, 다행히 숫자 1, 2, 3 외에는 어미변화를 하지 않는다. 라틴어로 1부터 10은 unus우누스, duo두오, tres트레스, quattor콰토르, quinque퀸퀘, sex섹스, septem셉템, octo옥토, novem노벰, decem데켐이다. 여기서도 영어의 달이름이 명확하게 발견된다. 하지만 앞서 보았듯이 영어 달이름을 그대로 적용해서 septem부터 decem까지를 9에서 12까지라고 생각해서는 안 된다. 라틴어에서 그것은 7에서부터 10을 의미한다.

세상에는 우리가 잘못 알고 있는 것들이 얼마나 많을까. 필자는 중3 때 같은 반 친구들이 "크리스마스 3부"에 만나자고 말하는 것을 들은 적이 있다. 도대체 "크리스마스 3부"가 뭐냐고 물으니 그들 중 한 친구가 크리스마스 하루 전을 2부라고 하니 이틀 전은 3부가 아니겠냐고 말했다. 그들은 전야(前夜)를 의미하는 "eve"를 2부로 알았던 것이다. 이렇듯 우리는 실로 수많은 오해 및 오류와 더불어 살아가고 있다.

당연히 라틴어를 처음 공부할 때는 계속 오류를 범하기 마련이다. 문법적으로 생소하다보니 라틴어로 짧을 글이라도 작문하려고 하면 끊임없이 크고 작은 실수들을 범하게 된다. 필자의 경우 처음 라틴어를 배우는 과정에서 내가 언제라도 틀릴 수 있다는 인식이 아예 내 안에 자리 잡히게 됐던 것 같다. 조금 과장하자면 내가 늘 오류와 실수의 가능성을 지니고 있는 존재라는 사실이 라틴어 학습을 통해 뼈저리게 깨달아졌다. 라틴어가 필자의 자의식에도 영향을 미쳤다고나 할까?

일반화시킬 수는 없겠지만 개인적인 경험에 비춰볼 때 라틴어를 습득한 사람이 오만해지기는 상대적으로 어려울 것 같다. 대개는 라틴어를 학습하면서 자신이 얼마나 특정한 사고체계에 매어있으며 얼마나 쉽게 오류에 노출되는 존재인지 깨

칼 라르손 〈크리스마스 이브〉

닫게 된 상태일 것이기 때문이다. 그러고 보면 겸손이란 착하고 부드러운 성품이기에 앞서서 하나의 현실감인 것 같다. 자신이 틀릴 수 있다는 것을 늘 인지하는 태도에서 신중함과 겸손함이 나온다는 것이다. 그런 면에서 라틴어는 우리에게 겸손을 함양시켜 주는 좋은 도구가 될 수 있다.

Thema XIII

어차피 모든 것을 알 수는 없다

3변화 형용사

한때 우리나라에 "옴니아"라는 이름의 스마트폰이 있었던 것으로 기억한다. 라틴어 옴니아[omnia]는 "모든 것", "만물"이라는 의미이다. 아마도 제조사에서는 이 스마트폰이 모든 것을 할 수 있는 만능의 기기라는 인상을 주기 위해서 그런 이름을 붙였던 것 같다. 여러 개의 서로 다른 이야기를 한데 묶어서 만든 영화를 옴니버스[omnibus] 형식이라고 한다. 이 단어 또한 "모든 것"이라는 의미의 라틴어 omnia에서 파생된 단어이다. 영어를 잘하는 사람들은 "전능한"이라는 의미의 omnipotent 나 "어느 곳에나 존재하는[무소부재하는]"이라는 의미의 omnipresent 와 같은 영어 단어를 알고 있을 것이다. 이런 영어 단어들도 다 라틴어 omnia와 관련이 있다. 모든 것[omni-]을 할 수 있으니[potent] 전능한 것이고, 모든 곳[omni-]에 존재하니[present] 무소부재

페데리코 펠리니 감독의 걸작 옴니버스 영화 〈달콤한 인생 La Dolce Vita〉의 한 장면

한 것 아니겠는가.

"모든 것"을 의미하는 omnia는 사실 "모든"이라는 의미의 라틴어 형용사 omnis에서 나왔다. 명사에서 그랬듯이 라틴어 형용사에도 1, 2변화 외에 3변화 형태가 있다. 3변화 명사와 비슷한 방식으로 변화하는 형용사가 있다는 것이다. 물론 이 형용사 역시 그것이 꾸며주는 명사의 성, 수, 격에 맞게끔 어미를 변화시켜야 한다. 3변화 형용사도 3변화 명사처럼 남성과 여성은 변화 형태가 같고 중성만 조금 다르므로 크게 두려워할 필요는 없다.

3변화 형용사는 대개 "omnis, e" 옴니스omnis, 옴네omne를 줄인 것와 같이 외운다. 여기서 omnis는 남성 및 여성 형용사이고남성 및 여

[성 명사를 꾸며주는 형태], omne는 중성 형용사[중성 명사를 꾸며주는 형태]다. 3변화 명사가 그랬듯이 3변화 형용사도 남성과 여성의 형태가 같은 것이다. 한번 각주의 표를 보면서 이 형용사의 변화 형태를 확인해 보자.[41] 이미 이 형태를 담고 있는 3변화 명사들에 대해 배웠으므로[4, 6장 참조] 겁먹을 필요가 전혀 없다. 단수 탈격의 어미가 i라는 것과 복수의 어미에도 i가 자주 들어간다는 것만 유념하자. 이것들이 다 우리말로 번역하면 그냥 "모든"이라는 것도 유념하자.

각주의 표를 숙지했다면 우리 한번 이 omnis를 활용하여 "모든 친구[amicus]들이 학교[schola]를 꾸민다[ornare]"라는 표현을 라작해 볼까? amicus는 2변화 명사이므로 이것을 omnis와 같은 3변화 형용사로 꾸며줄 때에는 생각을 잘 해야 한다. 정답은 "Omnes amici ornant scholam[옴네스 아미치 오르난트 스콜람]"이다. amici["친구들이"]가 남성 복수 주격이기에 omnis의 남성 복수 주격 형태인 omnes 를 사용했다.

이제 우리는 스마트폰 이름으로도 쓰인 omnia가 실은 방금 본 "omnis, e"라는 3변화 형용사의 중성, 복수, 주격 형태라는

41

	단수		복수	
	남성, 여성	중성	남성, 여성	중성
주격	omn**is**	omn**e**	omn**es**	omn**ia**
소유격	omn**is**	omn**is**	omn**ium**	omn**ium**
여격	omn**i**	omn**i**	omn**ibus**	omn**ibus**
목적격	omn**em**	omn**e**	omn**es**	omn**ia**
탈격	omn**i**	omn**i**	omn**ibus**	omn**ibus**

것을 알 수 있다. “모든”이라는 형용사가 “모든 것들”이라는 명사로 쓰이게 된 것이다. 이렇게 라틴어는 형용사가 명사적으로 쓰이는 경우가 아주 많다. 마치 영어에서도 “the poor”라고 하면 “가난한 사람들”을 의미하고 “the rich”라고 하면 “부자들”을 의미하는 것처럼 말이다.

아무리 이름이 “옴니아”라도 정말로 모든 일을 해낼 수 있는 기기는 세상에 존재하지 않는다. 그런 의미에서 “모든” 이라는 말은 비현실적이고도 추상적인 표현이라 할 수 있다. 마찬가지로 우리도 라틴어에 대해 모든 것을 알 수는 없다. 따지고 보면 우리는 우리말인 한국말도 완벽하게는 모르지 않는가. 우리가 할 일은 라틴어의 모든 것을 마스터하려는 욕심을 버리고 지금 눈 앞에 있는 것에 집중하는 것이다. 이 일을 꾸준히 하다보면 스스로 만족할 만한 수준으로 라틴어를 할 수는 있을 것이다.

함께 보기

유명한 3변화 형용사들

이 3변화 형용사들 중에도 우리가 익숙하게 느낄 만한 것들이 많이 있다. 이를테면 "짧다"는 의미의 브레비스brevis, e ("간결"을 의미하는 영어명사 brevity가 여기서 나옴), "달콤한"이라는 의미의 둘치스dulcis, e (달콤한 돌체라떼의 돌체dolce가 여기서 유래함), "강한"이라는 의미의 포르티스fortis, e ("강하게 연주하라"는 의미의 음악 용어 포르테forte를 다들 알 것이다), "무거운"이라는 의미의 그라비스gravis, e (중력을 의미하는 영단어 gravity의 기원), "슬픈"을 뜻하는 트리스티스tristis, e (유명하고 슬픈 쇼팽(Frederic Chopin, 1810~1849)의 이별곡을 tristesse라고 한다), "귀족적인"이라는 의미의 노빌리스nobilis, e (귀족층에게는 책임이 따른다는 의미의 "노블리스 오블리주"라는 불어를 알고 있을 것이다) 같은 것들이 있다.[42] 아마 3변화 형용사를 공부하면서 슬슬 머리에 쥐가 나기 시작하는 분들이 있을 것이다. 그러나 이것을 익히고 나면 라틴어가 제법 친숙하게 느껴지므로 힘을 내기 바란다. 머리에 쥐가 난다는 것은 제대로 공부하고 있다는 증거다. 그런 의미에서 "시인(poeta)이 슬픈 노래를 쓴다"라는 문장을 만들어 볼까? "노래"라는 의미의 carmen(단수 소유격 carminis, 중성)이라는 단어와 "쓰다"라는 의미의 3활용 동사 scribere(현재 1인칭 단수 scribo)를 활용해서 말이다.(3활용 동사의 변화는 앞서 본 9장 참조) 물론 "노래"를 목적격으로 써야하니 "슬픈(tristis, e)"이라는 형용사도 목적격으로 맞춰줘야 한다. 정답은 각주에.[43]

3변화 형용사의 예외

몇몇 3변화 형용사들은 우리가 본 것들과 다소 다른 모습을 가지므로 사전이나 문법교재를 통해 확인하고 함께 공부하기 바란다. 예를 들어 "행복

---

42 그 외에도 similis, e(비슷한), utilis, e(유용한), aequalis, e(평등한), difficilis, e(어려운), facilis, e(쉬운), mortalis, e(유한한) 같은 것들이 있다. 다 시간이 흐른 후에 영어 단어가 된 라틴어 형용사들이다.

43 Poeta scribit triste carmen.

한"이라는 의미의 3변화 형용사 펠릭스felix는 남성, 여성, 중성 모두에서 felix(단수 소유격 felicis)이다. 모든 성에서 단수 주격과 소유격의 형태가 똑같은 것이다. 이것을 표로 만들면 다음과 같다.[44] 이와 같은 3변화 형용사에는 "부지런한"이라는 의미의 딜리젠스diligens(단수 소유격 diligentis), "현명한"이라는 의미의 프루덴스prudens(단수 소유격 prudentis), "맹렬한"이라는 의미의 베헤멘스vehemens(단수 소유격 vehementis), "무지한, 무죄의"라는 의미의 인노첸스 innocens(단수 소유격 innocentis), "유능한"이라는 의미의 포텐스potens(단수 소유격 potentis) 같은 것들이 있다. 한번 "유능한 아들은 엄마의 자랑(laus)이다"라는 문장을 라틴어로 말해 볼까?[45]

3변화 형용사의 명사적 용법

"옴니아 빈칫 아모르Omnia vincit amor"라는 유명한 라틴어 문구가 있다. 이것은 고대 로마의 시인인 베르길리우스(Vergilius, BC70 ~ BC19, 영어명 Virgil)의 《목가집eclogues》이라는 시집에 나오는 구절로, "사랑은 모든 것을 이긴다"는 의미이다. 미국에 살다보면 자동차 창문이나 열쇠고리 같은 데 새겨진 "Love wins(사랑은 이긴다)"라는 문구를 종종 볼 수 있는데 이미 세상에는 훨씬 오래 전부터 이와 비슷한 표현이 있었던 것이다. 비록 맨 뒤에 나오지만 "사랑"이라는 의미의 amor가 이 문장의 주어라는 것을 눈치챌 수 있어야 한다. 왜냐면 이것은 "사랑"이라는 3변화 명사 amor(단수 소유격 amoris, 남성)의 단수 주격형이기 때문이다. 그렇다면 vincit은 뭘까. 동사라는 느낌을 강하게 풍기는 이것은

44

	단수		복수	
	남성, 여성	중성	남성, 여성	중성
주격	felix	felix	felic**es**	felic**ia**
소유격	felic**is**	felic**is**	felic**ium**	felic**ium**
여격	felic**i**	felic**i**	felic**ibus**	felic**ibus**
목적격	felic**em**	felix	felic**es**	felic**ia**
탈격	felic**i**	felic**i**	felic**ibus**	felic**ibus**

45 Potens filius est laus matris.

위에서 본 3활용 동사 vincere(현재 1인칭 단수 vinco)의 현재 3인칭 단수형이다. 즉 vincit amor는 “사랑이 이긴다”라는 의미인 것이다. 그렇다면 omnia는 뭘까? 이것에 대해서는 앞서 3변화 형용사를 공부하면서 충분히 언급했다. 이것은 “모든” 이라는 의미의 형용사 omnis, e의 <중성 복수 목적격>으로서, 여기서는 명사적 용법으로 쓰여 “모든 것을”이라는 의미를 갖는다. 앞에서 나온 내용들을 복습해 보자.

그런데 정말 사랑이 모든 것을 이길까? 이 문구에 동의가 안되는 사람들은 자신만의 격언을 스스로 만들어 볼 수도 있을 것이다. 이를 테면 “노력은 모든 것을 이긴다” , “인내는 모든 것을 이긴다” , “돈은 모든 것을 이긴다”와 같이 말이다. “노력, 수고”를 의미하는 라보르labor(단수 소유격 laboris, 남성), “인내”를 의미하는 파시엔시아patientia(단수 소유격 patientiae, 여성), “돈”을 의미하는 페쿠니아pecunia(단수 소유격 pecuniae, 여성) 같은 단어를 주어로 사용해 보자.

미국 서사시 영화
《쿠오 바디스Quo Vadis》(1951년작)의
일본 포스터, 103쪽 내용 참조

Thema XIV

쿠오 바디스 도미네

명사의 호격

요즘도 성탄절이나 부활절 시즌이 되면 TV에서 <쿠오 바디스[Quo vadis]>라는 영화를 해주는 것 같다. 이것은 폴란드 작가 헨릭 시엔키에비치[Henryk Sienkiewicz, 1846~1916]의 동명의 책을 토대로 제작된 영화로, 네로 황제 당시에 있었던 기독교인들에 대한 로마 제국의 탄압을 소재로 하고 있다. 쿠오 바디스는 "Quo vadis?" 라는 라틴어 의문문으로서 우리말로 "[당신은]어디로 가는가?"라는 의미이다. 성서에서 예수의 제자 베드로가 십자가를 지기 위해서 떠나는 예수에게 "주여, 어디로 가시나이까"라고 물었는데 이 물음을 라틴어로 번역한 문장이다. 성서를 보면 예수의 제자들은 세상의 죄를 진다는 명목으로 자신들을 떠나는 주인을 쉽게 헤아릴 수 없었던 것 같다.

라틴어에 "가다[go]"라는 의미의 3활용 동사 vadere[바데레, 현재 1

인칭 단수 vado라는 동사가 있다.vado-vadere-vasi-과거분사는 없음 그렇다면 vadis가 무슨 뜻인지 짐작할 수 있을 것이다.9장의 3활용 동사표 참조 이것은 이 동사의 현재 2인칭 단수형으로서 "당신은 가다"라는 의미이다. 그리고 Quo는 어디로where라는 의미의 라틴어 의문사이다.[46] 이제 이것이 어떻게 "어디로 가시나이까Where are you going?"라는 의미인지 이해할 수 있을 것이다.

본래는 베드로가 "주여, 어디로 가십니까" 라고 했기 때문에 이 문장은 "쿠오 바디스 도미네quo vadis, domine?"라고 해야 한다. "Domine"는 앞서 본 2변화 남성 명사 dominus주인의 호격형이다. 이렇게 명사가 상대방을 부르는 호칭으로 사용될 때 그것을 호격이라고 한다. 대부분의 명사에서 호격은 주격과 같지만 단수 주격의 어미가 -us인 2변화 남성 명사dominus, equus 등에서는 어미 -e를 붙여서 만든다는 것을 기억하자. 우리 한번 "친구야, 어디로 가니?"를 라작해 볼까?[47]

46 라틴어 의문사들은 quis(누가 who), quid(무엇이 what), quando(언제 when)와 같은 모습을 띈다.

47 Quo vadis, amice?

Thema XV

커피와 라틴어

4변화 명사

예전에 <칸타타>라는 캔커피 브랜드의 이름을 본 적 있다. 사실 칸타타라는 말은 음악을 좋아하는 사람들에게는 옛날 서양 바로크 시대의 합창곡을 의미하는 말로 더 친숙하다. 이 말은 "노래하다"는 의미의 라틴어 동사 cantare[현재 1인칭 단수 canto]에서 유래한 말이다. 물론 이것은 앞서 본 1활용에 속하는 동사이다.[canto-cantare-cantavi-cantatum] "친구가 숲속에서 노래한다"를 라틴어로 하면 "Amicus cantat in silva[아미쿠스 칸탓 인 실바]"가 될 것이다. "학생들이 학교에서 노래한다"는 "Discipuli cantant in schola[디쉬풀리 칸탄트 인 스콜라]"가 될 것이고. 이렇게 커피의 이름을 칸타타라고 한 것은 그것이 입에서 노래가 나올 정도로 행복감을 주는 커피라는 의미일까.

하기는 독일의 음악가 바흐[J. S. Bach, 1685~1750]는 커피를 소재로 한 커피 칸타타를 작곡하기도 했으니 커피와 칸타타는 원체 가까운 말이기도 하다. 이 칸타타[Coffee Cantata, 바흐 작품번호 BWV 211]는 커피의 효능에 대해 논란이 많던 시절, 커피를 사랑하는 딸과 그것을 못 마시게 하려는 그녀의 아버지 사이에 벌어지는 실랑이를 코믹하게 그려낸 오페라 느낌의 칸타타[노래와 기악반주로 이뤄진 바로크 시대 음악]이다. "하루에 세 번 커피를 못 마시면 불에 탄 염소고기처럼 쪼그라들 것"이라고 항변하는 딸에게 "커피를 계속 마시면 시집을 못가게 하겠다"고 아버지가 으름장을 놓는 식이다. 물론 바흐가 살던 17~18세기의 유럽을 배경으로 한 음악이지만 이런 대사를 들으면 사람 사는 게 어디나 비슷하다는 생각을 하게 된다.

그렇다면 라틴어로 "노래"는 뭘까? 먼저 앞에서도 나온 carmen[단수 소유격 carminis, 중성]이라는 명사가 있다. 이 명사는 "노래, 시, 매혹"이라는 뜻을 가지는 명사로서 "카르멘[carmen]"이라는 라틴계 여성 이름, 그 이름을 딴 소설과 오페라 제목, 그리고 유명한 와인 브랜드명의 기원이 되었다.

"노래"를 의미하는 또 다른 말은 cantus[칸투스]라는 명사[남성]이다. 많은 사람의 예상과는 달리 이 명사의 단수 소유격은 canti가 아니라 주격과 똑같은 cantus 이다. 즉 이 명사는 [단수 주격이 -us로 끝남에도 불구하고] 그 단수 소유격의 어미가 -i인 2변화 명사가 아니라는 것이다. 이것은 라틴어에서 <4변화 명사>라고 불리는 것으로 앞서 본 1, 2변화 명사와는 다른 형태를 갖고 있다. 그 변화 형태는 변화표를 참조하기 바란다.[48] 앞으로 단수 주격의 어미와 소유격의 어미가 -us로 똑같다면 이 4변화 명사라고 생각하자. 이 4변화 명사 역시 남성일 경우와 여성일 경우의 변화 형태가 같다.[49]

이 4변화에 해당하는 명사는 앞서 본 1, 2변화 명사나 3변화 명사만큼 많지는 않지만 대부분 빈도수가 높은 것들이기 때문에 잘 기억해 두어야 한다. 이 4변화 명사에는 cantus 외에도 "항구[포르투스]"라는 의미의 portus[단수 소유격 portus, 남성], "열매[프룩투스]"라는 의미의 fructus[단수 소유격 fructus, 남성], "호수[라쿠스]"라는 의미의 lacus[단수 소유격 lacus, 남성], "출구[엑시투스]"라는 의미의 exitus[단수 소유격 exitus, 남성], "손[마누스,手]"이라는 의미의 manus[단수 소유격 manus, 여성], "집[도무스]"이라는 의미의 domus[단수 소유격 domus, 여성], "웃음[리수스]"이라는 의미의 risus[단수 소유격 risus, 남성] 등이 있다. 대부분 우리에게 친숙한 영어 단어들을 연상시킨다. 또한 인간의 감각을 나타내는 말들은 대개 이 4변화 명사라고 보면 된다. 예를 들어 "감각

48

	단수	복수
주격	cant**us** 노래가	cant**us** 노래들이
소유격	cant**us** 노래의	cant**uum** 노래들의
여격	cant**ui** 노래에게	cant**ibus** 노래들에게
목적격	cant**um** 노래를	cant**us** 노래들을
탈격	cant**u** 노래로	cant**ibus** 노래들로

49 소수 존재하는 중성형 명사의 형태가 조금 다르지만 이 책에서는 다루지 않는다.

[센수스]"을 의미하는 sensus, "시각[비수스]"을 의미하는 visus, "청각[오디투스]" auditus, "후각[오도라투스]" odoratus, "촉각[탁투스]" tactus, "미각[구스투스]" gustus 같은 것들이다.[50] 이 또한 우리가 사용하는 영어단어들과 생김새가 크게 다르지 않다.

혹시 독자 중에 포르투갈에 있는 아름다운 항구도시 포르투[Porto]를 방문해 보신 분이 있는가? 이 도시의 이름이 항구라는 의미의 라틴어 portus에서 유래했음은 말할 것도 없다. 배를 라틴어로 navis[단수 소유격 navis, 남성(4장 참조)]라고 하는데, 한번 "배들이 커다란[magnus-a-um] 항구에 있다[sunt]"라는 말을 만들어 볼까? 명사의 탈격형을 동반하는 전치사 in[~에]을 사용해서 말이다. 정답은 각주에.[51]

50 이 명사들은 모두 남성형 명사이다.

51 Naves sunt in portu magno.

Thema XVI

라틴어의 오전과 오후

5변화 명사

많은 사람들이 하루 중 오전은 a.m, 오후는 p.m으로 표현하는 것에 익숙하다. 하지만 이것이 무엇을 뜻하는 지 아는 사람은 많지 않은 것 같다. 이것은 라틴어 표현으로서 a.m의 경우 라틴어 “안테 메리디엠[ante meridiem]”을 약자로 줄인 것이고 p.m.의 경우에는 “포스트 메리디엠[post meridiem]”을 줄인 것이다. 라틴어로 하루, 날[日]을 dies[디에스, 남성]라고 한다. 이것의 단수 소유격은 diei[디에이]인데 이렇게 단수 주격의 어미가 -es이고 소유격의 어미가 -ei인 명사를 <5변화 명사>라고 한다. 이 또한 앞서 나온 종류의 명사들에 비하면 수가 많지는 않지만 그래도 반드시 기억해 둬야 하는 명사다.

그 변화 형태는 각주의 표를 참조하기 바란다.[52] 이 5변화 명사 역시 남성일 경우와 여성일 경우의 변화 형태가 같으며 중성형 명사는 존재하지 않는다. 이 변화에 속한 대표적인 명사로는 "일, 사물thing"을 의미하는 res레스, 단수 소유격 rei, 여성이 있다.

dies 앞에 "가운데"를 의미하는 접두어 meri-가 붙어서 meridies가 되면 "정오"라는 의미이며 어미변화 형태는 dies와 같다. ante와 post는 각각 "~전前"과 "~후後"를 의미하는 전치사로서 명사의 목적격을 동반한다. 물론 여기서는 meridies의 목적격 meridiem이 될 것이다. 이제 ante meridiem 과 post meridiem의 뜻이 분명해 지지 않는가? 그것은 각각 "정오 전", "정오 후" 라는 뜻이다.

많은 사람들이 레퀴엠이라는 음악에 대해 들어보았을 것이다. 이것은 특정 음악이 아니라 죽은 영혼을 위로하는 진혼 미사곡을 통칭하는 용어로서 모차르트W. A. Mozart, 1756-1791나 베르디G. F. Verdi, 1813~1901 같은 사람이 작곡한 레퀴엠이 우리에게 잘 알려져 있다. 라틴어에는 "안식, 휴식레퀴에스"이라는 의미의 requies단수 소유격 requiei, 여성라는 명사가 있다. 물론 이것은 방

52

	단수	복수
주격	di**es** 날이	di**es** 날들이
소유격	di**ei** 날의	di**erum** 날들의
여격	di**ei** 날에게	di**ebus** 날들에게
목적격	di**em** 날을	di**es** 날들을
탈격	di**e** 날로	di**ebus** 날들로

금 본 5변화에 속하는 명사이다. 이것을 안다면 requiem이 이 requies의 목적격이라는 것을 쉽게 알 수 있을 것이다. 즉 레퀴엠이란 “안식을[주소서]”이라는 의미인 것이다. 죽은 자들이 편히 쉬기를 바람은 누구나 갖게 되는 것이지만 가끔은 이렇게 간절히 휴식을 빌어줘야 할 사람들은 죽은 사람이 아니라 우리같이 산 사람이 아닌가 하는 생각도 든다. 우리의 날들에 충분한 휴식이 있기를 기원할 때마다 이 dies와 requies라는 단어들을 떠올려 보자.

Thema XVII

라틴어는 에일리언이다

라틴어 접두사 ali-, 라틴어 명령문

추리영화나 소설을 보면 범죄 용의자들의 ‘알리바이’를 추척하여 진범을 찾아낸다. 알리바이란 용의자가 범죄가 발생한 시간에 그 범죄의 현장에 있지 않았다는 증명을 의미한다. 즉 누군가의 알리바이가 분명하다면 그 사람은 용의선상에서 제외될 수 있는 것이다. 예전에 필자의 조카가 알라바이라는 말과 알리바바라는 아랍식 이름을 혼동한 적이 있지만 사실 이 알리바이는 라틴어 alibi[알리비]에서 나온 말이다. 라틴어에서 alibi란 “다른 곳에”라는 의미의 부사이다. 즉 알리바이를 증명한다는 것은 그가 “다른 곳에” 있었음을 증명한다는 말인 것이다. 이렇게 라틴어에서 “ali-” 라는 접두어가 들어가면 “다른, 어떤” 이라는 의미를 갖는다. “누군가[알리퀴스]”는 aliquis라고 하며, “어떤 것[알리퀴드]”은 aliquid라고 한다. 부사로 “다르게[알리테르]”

라고 하려면 aliter이며, "때때로, 언젠가[알리콴도]"라는 부사는 aliquando이다.

외계인이나 외계에서 온 생명체를 영어로 에일리언[alien]이라고 한다는 것은 많은 사람이 알고 있을 것이다. 이 에일리언은 라틴어 1, 2변화 형용사 alienus-a-um에서 유래했다. 이것은 "다른, 낯선, 이질적인[알리에누스]"이라는 뜻이다. 물론 명사적 용법으로 사용되어 "외국인"이나 "이방인, 낯선 사람"를 뜻하기도 하지만 말이다. 이제 에일리언이라는 말이 왜 외계생명체를 뜻하는지 이해가 가지 않는가?

라틴어에 "Ama parentem si aequus est, si aliter, tolera[아마 파렌템 시 에쿠스 에스트, 시 알리테르, 톨레라]"라는 표현이 있다. ama는 amare의 명령형이다. 라틴어에서는 어떤 종류의 동사이던 그 원형은 늘 -are, -ere, -ire와 같이 re로 끝나는데 여기서 re를 떼어버리면 그 자체로 명령문이 된다. 예를 들어 "사랑하다"인 amare의 명령형은 "ama[사랑하라!]"이고, "공부하다"인 stud-

롤랜드 웨스트 감독의 1929년 영화 〈알리바이〉 포스터

ere의 명령형은 "stude공부해라!"이며, "듣다"인 audire의 명령형은 "audi들어라!"인 것이다. 명령의 대상이 복수너희들일 때는 여기에 te를 붙여주면 된다. Amate아마테, "너희는 사랑해라!"

그렇다면 "Ama parentem si aequus est, si aliter, tolera"는 무슨 의미일까. parentem은 "부모"라는 의미의 3변화 명사 parens단수 소유격 parentis의 단수 목적격형이다.4장 참조. 이 명사는 문맥에 따라 남성도 되고 여성도 된다. 그렇다면 문장의 첫 부분은 "부모를 사랑하라"는 의미가 될 것이다. 또한 si는 영어의 if에 해당하는 "만일에"라는 의미이며 aequus는 "옳은, 정당한, 공정한"이라는 의미의 1, 2변화 형용사 aequus-a-um의 남성 단수 주격형이다. 즉 이 문장의 전반부는 "부모를 사랑하라 그가 옳다면"인 것이다.

그렇다면 문장의 뒷부분, "si aliter, tolera"는 뭘까? aliter는 "다르게otherwise"라는 의미의 부사이며, 마지막으로 tolera는 "참다, 견디다"라는 의미의 동사 tolerare1인칭 단수 tolero의 명령형이다. 그렇다면 이 뒷부분은 "만일 다르다면, 견뎌라"가 된다. 이제 우리는 이 문장 전체를 이해할 수 있다. 그것은 "부모를 사랑하라, 그가 올바르다면. 만일 다르다면, 부모가 올바르지 않다면 견뎌라"이다. 여기서 "ali-" 라는 접두사가 붙어서 "다르게" 라고 번역된 aliter라는 말을 확인할 수 있을 것이다.

누구나 살다보면 에일리언처럼 이질적으로 느껴지는 것들

과 마주칠 수밖에 없다. 어쩌면 우리가 공부하는 라틴어 문법 또한 한국어를 모국어로 쓰는 사람들에게는 매우 이질적인 대상 중 하나일 것이다. 그러나 사람은 결국 이질적인 것들을 통해서 안목과 견문을 넓히고 성장하게 되는 것이 아닐까? 그렇다면 이질적인 것들이야말로 풍요롭고 즐거운 인생을 위해 꼭 필요한 요소인지도 모른다.

함께 보기

라틴어 전치사 versus

에일리언 얘기를 하다보니 몇 년 전에 개봉한 《몬스터 vs. 에일리언》(Monsters vs. Aliens)이라는 미국의 애니메이션 영화(2009년작)가 생각난다. 사람들에게 찬밥 취급을 받던 지구의 괴물들이 지구를 급습한 외계인들과 맞서 싸워 결국 지구를 구하게 된다는 내용을 담은 만화영화다. 기괴하지만 친근한 모습의 괴물과 외계인들이 등장해 아이들의 눈을 즐겁게 한다.

예전에 필자도 아이들 옆에서 이 영화를 함께 보며 그 화려한 그래픽에 감탄한 적이 있다. 그뿐 아니라 영화의 제목에 등장하는 세 개의 단어가 다 라틴어를 연상시킨다는 사실도 재밌었다. 앞서 보았듯이 에일리언이 "낯선" 이라는 의미의 라틴어 형용사 alienus-a-um에서 온 단어라면, 몬스터는 "괴물, 악한 전조" 등을 뜻하는 라틴어 명사 몬스트룸monstrum(단수 소유격 monstri, 중성)에서 나온 단어이다. 현대인들에게도 익숙한 몬스터나 에일리언 같은 말들이 다 고대의 로마인들도 사용하던 단어인 것이다. 물론 그들이 이 말을 통해서 연상한 것은 우리가 연상하는 그것과 많이 다르겠지만 말이다.

그렇다면 이 영화의 제목에서 몬스터와 에일리언 사이에 있는 "vs."라는 것은 뭘까. 이것이 스포츠팀들이나 격투기 선수들 간의 대결에서 사용되는 표현이라는 것은 많은 사람들이 알고 있을 것이다. 또한 vs뒤에 점(.)이 찍혀서 어떤 단어를 줄인 '약어'라는 것도 알고 있을 것이다. 이것은 "~에 대항하여"라는 의미의 영어 단어 벌서스versus이다. 독일과 이탈리아의 축구 경기가 있을 때 미국사람들은 "The match is Germany versus Italy"라고 한다. 그리고 이 versus라는 영어 단어는 원래 "~을 향하여, ~을 대항하여"라는 의미의 라틴어 전치사 베르수스versus에서 나온 말이다. 그렇기에 이것이 있으면 "몬스터 대(對) 에일리언"이 되는 것이다. 이렇게 보면 정말 주위에 라틴어가 아닌 것이 없지 않은가?

Thema XVIII

진정한 친구란?

라틴어 수동태

라틴어에 "Amicus certus in re incerta cernitur[아미쿠스 체르투스 인 레 인체르타 체르니투르]"라는 말이 있다. 고대 로마의 시인 엔니우스[Quintus Ennius, BC239 ~ BC169]가 한 이 말은 "진정한 친구는 불확실한 일 속에서 식별[분간]된다"라는 의미다. 내 삶이 순탄한 상황에서 뿐 아니라 내가 곤경에 처하거나 도움을 구해야 할 수도 있는 상황에서 내 곁을 지켜주는 친구가 진정한 친구 아니겠는가? 영어에 "fair-weather friend"라는 표현이 있다. "좋은 날씨 친구"라고 직역되는 이 말은 날씨가 좋은 때에만 친구인 사람, 즉 내 삶이 순조로울 때에만 나와 가깝게 지내는 기회주의적인 친구를 의미한다. "Amicus certus in re incerta cernitur"라는 문장은 어려운 시기에 함께하지 못하는 친구는 진정한 친구라고 할 수 없음을 말하고 있다. 동시에 곤경에 처한 벗의 곁을 지켜주는 일은 진정 값진 일이라는 것을 가르치고 있다.

certus-a-um이라는 1, 2변화 형용사는 “확실한, 확고한, 분명한”이라는 뜻이다. 그렇다면 “Amicus certus”란 “확실한[진정한] 친구”라는 뜻이 될 것이다. certus-a-um의 반대말이 incertus-a-um[불확실한, 불안정한] 라는 것을 생각하면 우리는 “in re incerta”의 의미도 추측할 수 있다. 그것은 “불확실한 일[상황] 속에서” 라는 뜻이다. 탈격형 명사를 수반하는 전치사 in 에 “일”을 의미하는 res[단수 소유격 rei, 여성, 5변화 명사, 16장 참조]의 탈격형 re와 그에 상응하는 형용사 incerta[incertus-a-um의 여성 단수 탈격]가 붙은 것이다.

그렇다면 “cernitur”는 무엇일까? 라틴어 동사 중 “분별하다, 식별하다[discern]”라는 의미의 cernere[현재 1인칭 단수 cerno, cerno-cernere-crevi-cretum]라는 것이 있다. cernitur는 이 cernere의 현재 3인칭 단수 수동형이다. 즉 “[그가, 그것이] 분별되다”라는 의미인 것이다. 우리가 알다시피 수동태란 주어를 <행위의 대상>으로서 표현하는 문장형태이다. 영어에서는 “be동사 + 과거분사”로 표현되지만 라틴어에서는 동사의 종류별[1~4활용]로 수동태가 형성되는 모습이 다르므로 일일이 외워주어야 한다. 다행히 완료의 의미를 갖는 세 시제[과거, 대과거, 미래완료]의 경우에는 영어와 비슷하게 “동사의 과거분사 + esse 동사”의 형태를 갖기 때문에 크게 외울 내용이 없다. 한번 표를 보면서 확인해 볼까?

1활용 동사

amare 사랑하다, amo-amare-amavi-amatum의 수동 변화

수동태 원형 amari 사랑받다, 사랑받는 것

		미완료			완료		
		현재 사랑받는다	반과거 사랑받았다	미래 사랑받을 것이다	과거 사랑받았다	대과거 사랑받았었다	미래완료 사랑받겠다
단수	1인칭 (나는)	amor	amabar	amabor	amatus-a-um sum	amatus-a-um eram	amatus-a-um ero
	2인칭 (너는)	amaris	amabaris	amaberis	amatus-a-um es	amatus-a-um eras	amatus-a-um eris
	3인칭 (그는)	amatur	amabatur	amabitur	amatus-a-um est	amatus-a-um erat	amatus-a-um erit
복수	1인칭 (우리는)	amamur	amabamur	amabimur	amati-ae-a sumus	amati-ae-a eramus	amati-ae-a erimus
	2인칭 (너희는)	amamini	amabamini	amabimini	amati-ae-a estis	amati-ae-a eratis	amati-ae-a eritis
	3인칭 (그들은)	amantur	amabantur	amabuntur	amati-ae-a sunt	amati-ae-a erant	amati-ae-a erunt

2활용 동사

monere 권고하다, moneo-monere-monui-monitum의 수동 변화

수동태 원형 moneri 권고받다, 권고받는 것

		미완료			완료		
		현재 권고받는다	반과거 권고받았다	미래 권고받을 것이다	과거 권고받았다	대과거 권고받았었다	미래완료 권고받겠다
단수	1인칭 (나는)	moneor	monebar	monebor	monitus-a-um sum	monitus-a-um eram	monitus-a-um ero
	2인칭 (너는)	moneris	monebaris	moneberis	monitus-a-um es	monitus-a-um eras	monitus-a-um eris
	3인칭 (그는)	monetur	monebatur	monebitur	monitus-a-um est	monitus-a-um erat	monitus-a-um erit
복수	1인칭 (우리는)	monemur	monebamur	monebimur	moniti-ae-a sumus	moniti-ae-a eramus	moniti-ae-a erimus
	2인칭 (너희는)	monemini	monebamini	monebimini	moniti-ae-a estis	moniti-ae-a eratis	moniti-ae-a eritis
	3인칭 (그들은)	monentur	monebantur	monebuntur	moniti-ae-a sunt	moniti-ae-a erant	moniti-ae-a erunt

3활용 동사

legere 읽다, lego-legere-legi-lectum의 수동 변화

수동태 원형 legi 읽히다, 읽히는 것

		미완료			완료		
		현재 읽힌다	반과거 읽혔다	미래 읽힐 것이다	과거 읽혔다	대과거 읽혔었다	미래완료 읽히겠다
단수	1인칭 (나는)	legor	legebar	legar	lectus-a-um sum	lectus-a-um eram	lectus-a-um ero
	2인칭 (너는)	legeris	legebaris	legeris	lectus-a-um es	lectus-a-um eras	lectus-a-um eris
	3인칭 (그는)	legitur	legebatur	legetur	lectus-a-um est	lectus-a-um erat	lectus-a-um erit
복수	1인칭 (우리는)	legimur	legebamur	legemur	lecti-ae-a sumus	lecti-ae-a eramus	lecti-ae-a erimus
	2인칭 (너희는)	legimini	legebamini	legemini	lecti-ae-a estis	lecti-ae-a eratis	lecti-ae-a eritis
	3인칭 (그들은)	leguntur	legebantur	legentur	lecti-ae-a sunt	lecti-ae-a erant	lecti-ae-a erunt

4활용 동사

audire 듣다, audio-audire-audivi-auditum의 수동 변화

수동태 원형 audiri 들리다, 들리는 것

		미완료			완료		
		현재 들린다	반과거 들렸다	미래 들릴 것이다	과거 들렸다	대과거 들렸었다	미래완료 들리겠다
단수	1인칭 (나는)	audior	audiebar	audiar	auditus-a-um sum	auditus-a-um eram	auditus-a-um ero
	2인칭 (너는)	audiris	audiebaris	audieris	auditus-a-um es	auditus-a-um eras	auditus-a-um eris
	3인칭 (그는)	auditur	audiebatur	audietur	auditus-a-um est	auditus-a-um erat	auditus-a-um erit
복수	1인칭 (우리는)	audimur	audiebamur	audiemur	auditi-ae-a sumus	auditi-ae-a eramus	auditi-ae-a erimus
	2인칭 (너희는)	audimini	audiebamini	audiemini	auditi-ae-a estis	auditi-ae-a eratis	auditi-ae-a eritis
	3인칭 (그들은)	audiuntur	audiebantur	audientur	auditi-ae-a sunt	auditi-ae-a erant	auditi-ae-a erunt

완료의 의미를 갖는 시제들 과거, 대과거, 미래완료 의 경우에는 동사의 과거분사형을 주어의 성과 수에 맞게 써준 후 esse동사의 현재형, 반과거형, 미래형을 붙여주는 형태라는 것을 눈치챌 수 있을 것이다. 과거분사형은 us-a-um어미를 갖는 1,2변화 형용사처럼 사용됨

앞서 cernere는 3활용 동사임을 보았다. 그렇다면 표를 고려할 때 cernitur란 cernere의 현재 3인칭 단수 수동형이 된다. 즉 "그는, 그것은 식별된다"는 의미이다. 결국 "Amicus certus in re incerta cernitur"라는 문장은 "진정한 친구는 불확실한 상황 속에서 분별된다"는 의미가 된다.

한번 자신의 아들이 곧 학교에 입학하게 될 것을 상상하며 "내 아들은 학교에서 사랑받을 것이다"라는 수동형 문장 미래 을 라틴어로 말해 보자. 정답은 "Meus filius amabitur in schola 메우스 필리우스 아마비투르 인 스콜라"이다. 참고로 영어 수동형 문장에서 행위의 주체를 "by + 행위의 주체"로 표현하듯이 라틴어에서는 a나 ab과 같은 전치사에 명사의 탈격형을 붙여서 행위의 주체자를 표현 ~에 의해, ~로부터 해 준다. 그렇다면 "내 아들은 학교에서 선생님들로부터 사랑받을 것이다"라는 문장은 "Meus filius amabitur a magistris in schola 메우스 필리우스 아마비투르 아 마지스트리스인 스콜라"가 될 것이다. "훈계하다"라는 동사 monere 현재 1인칭 단수 moneo 를 활용하여 한번 "내 아들들은 학교에서 선생

님들로부터 훈계받을 것이다”라는 문장도 만들어 볼까? 주어가 복수라는 것에 유념하자. 정답은 “Mei filii monebuntur a magistris in schola메이 필리이 모네분투르 아 마지스트리스 인 스콜라”

최근에 필자가 가르쳤던 학생 중 한명이 국가시험에 멋지게 합격했다는 소식을 전해주었다. 그는 어려웠던 논술시험에서 필자에게 배웠던 “Mens sana in corpore sano건강한 몸에 건강한 마음이 깃든다” 라는 라틴어 문구를 사용한 것이 합격에 도움이 된 것 같다고 전했다. 라틴어는 fair-weather friend가 아니라 오히려 위기상황에서의 친구였던 것이다. 이처럼 절박한 상황에서 멋진 친구가 되어 줄 수 있는 라틴어를 열심히 공부해 보자.

함께 보기

디포넌트 동사

영국 잉글랜드에 있는 엑서터대학교(University of Exeter)의 모토는 "루첨 세퀴무르Lucem sequimur"라는 문구이다. 이제 lucem이 lux(빛)의 목적격형(빛을)이라는 것을 쉽게 알 수 있을 것이다. 역시 대학의 표어 중에는 진리를 "빛"으로 묘사하는 것들이 매우 많다. sequimur는 "우리는 쫓다"라는 의미의 동사다. 결국 이 문구는 "우리는 빛을 쫓는다(추구한다)"라는 의미가 된다.

"쫓는다"라는 의미의 sequi라는 동사는 수동형(3활용)이지만 능동의 의미를 갖는 동사다. 따라서 그 현재 1인칭 복수형인 sequimur(우리는 쫓는다) 역시 수동의 어미를 갖고 있지만 능동의 의미를 갖는다. 이렇게 수동형 형태를 갖지만 능동의 의미를 갖는 동사를 라틴어에서는 디포넌트(deponent)동사라고 하는데 그 종류 및 공부 방법에 대해서는 문법교재를 통해 확인하기 바란다.

Thema XIX

라틴어의 육하원칙

라틴어 의문사

라틴어에 “쿠르 데우스 호모[Cur Deus homo]?” 라는 문구가 있다. 이것은 “왜 신이 인간[이 되었는가]?”이라는 의미이다. 기독교에서는 신의 아들이 인간이 되어 이 땅에 왔으며 그가 바로 예수 그리스도라고 믿는다. 말하자면 예수는 신으로서 인간이 된 존재인 것이다. 이 “Cur Deus homo?”란 그가 그렇게 돼야만 했던 이유를 묻는 물음이다. 기독교에서는 물론 인간의 구원을 위하여 그가 사람이 된 것이라고 믿지만 여기에는 동시에 많은 내용들이 얽혀있다. 아마 기독교 신학이란 이 질문을 고민하고 그에 대한 답과 그 의미를 찾아가는 과정이라고 해도 과언이 아닐 것이다.

정확한 기사를 쓰기 위해서는 육하원칙을 지켜야 한다는 말이 있다. 기사에는 <언제, 어디서, 누가, 무엇을, 왜, 어떻게> 했는지에 대한 정보가 담겨있어야 한다는 것이다. 라틴어에서는 이것을 “ Quis[퀴스], Quid[퀴드], Ubi[우비], Cur[쿠르], Quomodo[쿠오모도],

Quando[콴도]"라는 문구로 표현한다. 이것은 의문사들만 모아놓은 문구로서 각각 Quis[누가, who], Quid[무엇을, what], Ubi[어디서, where], Cur[왜, why], Quomodo[어떻게, how], Quando[언제, when]를 의미한다. 이제 어째서 "Cur deus homo"가 "왜 신이 인간[이 되었나]?"인지 이해할 수 있을 것이다.

유감스럽게도 이 의문사들 중 몇 개는 변화를 한다. Ubi[어디서], Cur[왜], Quomodo[어떻게], Quando[언제]의 경우에는 부사이기 때문에 변화를 하지 않지만, 명사인 Quis[누가]와 Quid[무엇이(을)]는 격에 따라 변화를 한다는 것이다. 특히 Quis의 변화형들은 자주 사용되기 때문에 잘 알아두어야 한다.

quis	누가
cujus	누구의
cui	누구에게
quem	누구를
quo	누구로

의문사가 변화한다는 것은 생소하지만 그 양상을 보니 우리가 공부해 온 명사변화와 흡사하지 않은가? 다음과 같은 예문을 만들어 볼 수 있다.

주격	Quis amat patriam?	누가 나라를 사랑하는가?
소유격	Cujus filius est Hercules?	헤라클레스는 누구의 아들인가?
목적격	Quem laudat magister?	선생님은 누구를 칭찬하는가?

우리를 구원하는 신이 존재한다 하더라도 우리가 열심히 살아야 한다는 사실에는 변함이 없다. 지금 우리의 과제는 라틴어의 갖가지 변화들을 자기 자신의 것으로 만드는 것이다. 라틴어 어미변화는 입에 익혀야 기억이 잘 나므로 주요 변화표들을 소리 내어 읽고 또 읽어 보자.

Thema XX

이름이 곧 운명이다

라틴어 분사

많은 사람들이 학창시절에 호모 사피엔스homo sapiens, 호모 하빌리스homo habilis와 같은 단어들을 접했을 것이다. 좀 더 나이를 먹으면 호모 파베르homo faber라든지 호모 비아토르homo viator, 호모 라보란스homo laborans, 호모 루덴스homo ludens 같은 말을 접하기도 한다. 이것들은 다 인간이 어떤 존재인지 설명하는 표현들로서, 인간이라는 의미의 라틴어 "homo"에 그것을 꾸며주는 말이 붙어서 생성된 표현들이다. 우리는 앞서 homo라는 3변화 명사(단수 소유격 hominis, 남성)를 배웠다. 다시 한번 그 변화 형태를 떠올려 보자. 4장 참조

가장 잘 알려진 호모 사피엔스라는 말에서 사피엔스sapiens는 "알다, 파악하다사페레"라는 의미의 라틴어 sapere현재 1인칭 단수 sapio[53]의 분사형태로서, 무언가를 "아는, 알아가는" 이라는

---

53 이 동사는 앞서 본 facere(현재 1인칭 단수 facio)처럼 원형의 어미가 -ere이지만 4활용처럼 변화하는 동사이다.

인류의 진화 과정

의미를 갖는다. 즉, 호모 사피엔스라는 말은 인간이 이해하고 알아가는 존재라는 의미이다. 호모 라보란스의 라보란스[laborans]란 "일하다, 노동하다"라는 라틴어 laborare[현재 1인칭 단수 laboro]의 분사형태이며, 따라서 호모 라보란스란 "노동하는 인간"이라는 의미가 된다. 또한 호모 루덴스[Homo ludens]는 "놀다, 유희하다"라는 의미를 가진 ludere[현재 1인칭 단수 ludo]의 분사형인 ludens가 호모에 붙어서 만들어진 말로서 "유희하는 인간"이라는 의미를 갖고 있다. faber는 라틴어로 장인[匠人, artisan]을 뜻하는 말로서 homo faber란 무언가를 만드는 존재로서의 인간을 의미한다. 그리고 viator는 "나그네, 길손"이라는 말이기 때문에 homo viator는 "여행하는 인간[여행자 인간]"이라는 의미가 된다. 이런 말들이 탄생하게 된 배경들은 다양하겠지만 여기서는 다루지 않도록 하겠다.

분사란 어느 언어에서나 마찬가지로 일종의 형용사처럼 쓰

"Falling leaves
make us sentimental"

이는 동사형태를 말한다. 영어의 현재분사 및 과거분사와 마찬가지로 라틴어에서도 "~하는, ~하고 있는"으로 해석되는 현재분사[능동의 의미]와 "~되어진"으로 해석되는 과거분사[수동의 의미]가 있다. "떨어지는 낙엽들은 우리를 감상에 젖게 한다[Falling leaves make us sentimental]"라는 문장에서 "떨어지는[falling]"은 현재분사이고, "떨어진 낙엽들은 우리를 감상에 젖게 한다[Fallen leaves make us sentimental]"에서 "떨어진[fallen]"은 과거분사다. 우리는 앞서 라틴어 동사에 대해 얘기하면서 동사를 외울 때 함께 외워줘야 하는 과거분사에 대해 공부한 적이 있다. 이를테면 "사랑하다"를 의미하는 amo-amare-amavi-amatum에서 마지막 amatum이 과거분사였다. 과거분사이므로 이것은 "사랑받은[loved]"이란 의미가 된다. 사전이나 교재에는 단순히 amatum이라고 나오지만 사실 이것은 2변화 형용사처럼 쓰이는 것이다. 즉, 이것은 "사랑받은" 이라는 의미의 2변화 형용사[amatus-a-um]처럼 사용된다는 것이다.[3장 참조] 이를테면 "사랑받은 남편이"[남성 단수 주격]라고 하려면 maritus amatus[마리투스 아마투스]이고, "사랑받은 별의"[여성 단수 소유격] 라고 하려면 stellae amatae[스텔레 아마테], "사랑받은 선물을"[중성 단수 목적격]이라고 하려면 donum amatum[도눔 아마툼]이 된다.

과거분사는 불규칙적이기 때문에 동사를 외우면서 따로 외워줘야 하지만, 현재분사의 경우에는 동사가 어떤 활용에 속하는지만 알면 그것으로 쉽게 만들 수 있다. 예를 들어 1활용 동사 amare의 현재분사는 amans[아만스]이고, 2활용 동사 delere의 현재분사는 delens[델렌스], 3활용 동사 legere의 현재분사는 legens[레젠스], 4활용 동사 audire의 현재분사는 audiens[오디엔스]가 된다. 이렇게 만들어진 현재분사는 앞서 본 felix와 같은 3변화 형용사처럼 활용된다는 것을 기억하자. 즉 각각 "사

Nomen Omen

노멘 오멘, 이름이 곧 운명이다.

랑하는"이라는 의미의 amans[단수 소유격 amantis], "파괴하는"이라는 의미의 delens[단수 소유격 delentis], "읽는" 이라는 의미의 legens[단수 소유격 legentis], "듣는" 이라는 의미의 audiens[단수 소유격 audientis]가 되는 것이다. 한번 앞서 본 3변화 형용사[13장 참조]를 기억하면서 amans[사랑하는]를 한번 변화시켜 볼까?[54]

인간의 본질에 대해 설명하는 표현들이 이렇게 많은 것을 보면 오히려 인간의 본질이란 따로 없는 것 같다는 생각을 하게 된다. 사실 인간에 대해 얼마나 많은 표현들을 더 만들어 낼 수 있겠는가? 얼핏 생각해도 인간만이 부끄러워 하는 존재, 호모 푸덴스[homo pudens]일 것이며, 눈물 흘리는 존재 호모 플렌스[homo flens]이고, 춤을 추는 존재 호모 살탄스[homo saltans]이다. 또한 그는 자랑하는 존재 호모 글로리안스[homo glorians]이며, 뉘우치고 돌이키는 존재 호모 페니텐스[homo paenitens]이기도 하다. 어쩌면 위와 같은 용어들을 처음 만들어낸 사람들조차 인간이 그 개념만으로 규정되지 않는다는 것을 알았을 것이다. 그들은 그저 자신에게 가장 와닿는 표현을 만든 것이며 경우에 따라서는 자신에게 가장 유리한 개념을 고안해 낸 것일 수도 있다.

54

	단수		복수	
	남성, 여성	중성	남성, 여성	중성
주격	amans	amans	amant**es**	amant**ia**
소유격	amant**is**	amant**is**	amant**ium**	amant**ium**
여격	amant**i**	amant**i**	amant**ibus**	amant**ibus**
목적격	amant**em**	amans	amant**es**	amant**ia**
탈격	amant**i**	amant**i**	amant**ibus**	amant**ibus**

어쩌면 인간의 본질이란 특별히 그를 규정할 수 있는 언어가 없다는 사실에 있는 것 아닐까? 누구든 그냥 자기의 삶을 살아갈 뿐이다. 이 삶은 다른 누군가가 만든 개념에 의해 설명되거나 규정될 수 있는 것이 아니다. 그것은 오직 자신만의 것이며 그렇기에 언제나 새로운 것이기 때문이다. 라틴어에 "nomen omen[노멘 오멘]"이라는 말이 있다. nomen[단수 소유격 nominis, 중성]은 "이름", omen[단수 소유격 ominis, 중성]은 "운명 또는 징조"라는 뜻으로, 즉 이 문구는 "이름이 곧 운명[이다]"이라는 의미이다. 통상 이름이 자기의 운명을 규정한다는 뜻으로 해석되지만, 필자는 이것을 오직 자신만이 자기의 운명을 실현시킨다는 의미로 받아들인다. 가장 자기다운 삶을 살아가는 것이 우리 모두에게 주어진 운명이다.

함께 보기

현재분사의 용례

수많은 연애와 사랑의 이야기로 유명한 고대 로마의 시인 오비디우스(Ovidius, BC43 ~ AD17)는 <사랑> 혹은 <사랑의 애가Love Elegie>로 번역되는 《Amores》라는 작품에서 "밀리탓 옴니스 아만스Militat omnis amans"라는 표현을 쓴 바 있다. 이것은 "모든 사랑하는 이는 전쟁한다"라는 의미이다. 그러고 보면 누군가를 사랑하면 그 사람에 대한 집착이나 애증 같은 것이 생기게 되어 어떤 식으로든 전쟁을 치르게 되는 것이 순리인 것 같다. 물론 겉으로 싸우지 않는 사람들을 사랑이 없는 사람들로 매도할 수는 없겠지만 말이다. militat은 "싸우다, 전쟁하다, 군복무하다"라는 의미의 동사 militare(현재 1인칭 단수 milito)의 현재 3인칭 단수형이다. omnis는 "모든every" 이라는 의미의 형용사이고(남성+여성 단수 주격), amans는 amare의 현재분사로 "사랑하는" 이라는 의미이다. 즉, 이것은 "모든 사랑하는 사람은 싸운다"라는 의미인 것이다. 라틴어 형용사들이 흔히 그렇듯이 여기서 현재분사인 amans도 명사적 용법으로 쓰여서 "사랑하는 사람(연인)"을 의미하게 되었다. 살면서 내 안에 모종의 분노나 갈증이 없다면 혹시 내 안에 사랑이 없는 것은 아닌지 의심해 보자.

2부

라틴어로 배우는 인생

FESTINA LENTE

Thema I

누구에게 가장 좋은가?

Cui prodest? 쿠이 프로데스트?

고대 로마의 유명한 법률가이자 문필가였던 마르쿠스 툴리우스 키케로Marcus Tullius Cicero, 치체로, BC106 ~ BC43는 법적인 판단을 해야 할 때 종종 "Cui prodest쿠이 프로데스트?"라는 말을 읊조렸다고 한다. 종종 "Cui bono쿠이 보노?"라고도 표현되는 이 말은 "누구에게 이익이 되는가누구에게 좋은가?"라는 뜻이다. 추리영화에서 탐정들이 종종 그러는 것처럼 키케로는 어떤 범죄가 일어났을 때 '이 사건으로 인해 누가 가장 큰 이익을 얻는가'를 파악하여 이를 토대로 사건의 진상을 파악했던 것이다.

여기서 Cui는 "누구에게"라는 뜻의 의문사 여격이다. 일관적이게도 라틴어는 의문사까지 성, 수, 격에 따라 변화를 한다. 이를테면 "누가"는 quis, 소유격 "누구의"는 cujus, 여격 "누구에게"는 cui, 목적격 "누구를"은 quem, 탈격 "누구로"는 quo이다. prodest는 "~을 위하여[for]"라는 의미의 전치사 pro에 esse 동사[영어의 be 동사격]인 est가 합쳐진 특별한 동사로서 "[~에게] 이익이 되다"라는 뜻이다. 3인칭 단수 est가 쓰였으니 "그것이 이익이 된다[it benefits]"로 이해하면 될 것이다.[1부 8장의 esse동사 변화를 복습해 보자.]

이 문구는 주로 법정용어나 추리용어로 이해되는 편이지만 인간사의 핵심을 이해하게 해주는 면도 있는 것 같다. 많은 사상가나 철학자들이 "생[生]에 대한 의지"를 세상의 본질이라고 생각해 왔다. 스스로 살려고 하고 욕구를 채우려고 하는 인간들과 생명체들의 의지가 바로 세상을 형성하고 움직이는 동력이라는 것이다. 사랑이나 우정과 같은 아름다운 가치를 세상의 본질로 보는 이들에게는 너무 삭막한 주장 같기도 하지만, 인간이라는 존재가 결국 어떤 식으로든 자기 자신을 유익하게 하기 위해 살아가는 존재라는 점은 부인할 수 없을 것 같다. 이런 점에서 "Cui prodest?"라는 물음은 인간 존재의 본질을 잘 포착한 현실적인 물음이라고 할 수 있다. 고대 로마인들의 성향 때문인지 라틴어에는 이렇게 삶의 현실적인 측면이 부각된 격언이 많은 편이다.

인간이 이렇게 자기 자신을 위해서 존재한다는 것을 생각하면 모든 일은 결국 '사람을 얼마나 만족시키느냐'에 그 성패가 달려있는 것 같다. 사업, 직장생활, 인간관계를 포함한 어떤 일에서든지 말이다. 물론 이런 일[타인을 만족시키는 일]을 가능케 하기 위해서는 타인에 대한 섬세한 관심과 배려가 필요하다. 그렇다면 이런 관심과 배려야말로 현실적인 이웃사랑이라고 불릴 만하지 않을까? 종교에서 말하는 추상적이고 원론적인 이웃사랑에 넌더리가 난 사람들은 이렇게 라틴어가 가르쳐주는 현실적인 사랑의 정신에 귀기울여 볼 일이다.

라틴어에 "do ut des[도 우트 데스]"라는 말이 있다. 이것은 "네가 주도록 나도 준다"는 의미로, 일종의 상호주의 원리를 담고 있는 문장이다. 내가 주면 상대방도 주며, 상대방이 주면 나도 준다는 것이다. 별다른 의미가 없는 것 같기도 하지만 결국 이것이 인간사를 이루는 기본 원리라는 것을 말해주고 있다. 사람간 관계에 있어서 전적으로 일방적인 호의는 가능하지도 않고 바람직하지도 않다. 우리는 받은 만큼 주는 존재이며, 준 만큼 받기를 기대하는 존재다. 이러한 현실적인 원리를 인정할 때 사람과 사람 사이의 관계는 보다 풍성하고 성실하며 안전한 것이 된다.

Thema II

기계에서 나온 하나님

Deus ex machina 데우스 엑스 마키나

라틴어로 Deus는 “신[神], 하나님”이라는 뜻이다. 이 단어는 앞에서 배운 <단수 소유격이 i로 끝나는 2변화 남성형 명사>이다. 복습하는 의미에서 이것이 어떻게 변화하는 지 연습해 볼까? 그렇다. 이것은 주격 deus[신이], 소유격 dei[신의], 여격 deo[신에게], 목적격 deum[신을], 탈격 deo[신으로]와 같이 변화한다. 복수는 물론 주격 dei[신들이], 소유격 deorum[신들의], 여격 deis[신들에게], 목적격 deos[신들을], 탈격 deis[신들로]와 같다.

로마시대 이후로 서양세계는 그리스도교의 세계였던만큼 우리도 그리스도교와 관련된 라틴어 문장들을 쉽게 접할 수 있다. 앞서 레퀴엠[Requiem]에 대해 얘기했던 것을 기억하는가? 그것은 죽은 사람을 위하여 신께 간구하는 음악[진혼미사곡]이었다. 이것은 하나의 곡이 아니라 여러 짧은 곡들이 포함돼 있는 일종의 모음곡인데, 당연히 이 곡들의 가사에도 Deus[신, 하나님]라는 단어가 많이 사용된다. 레퀴엠 안에 들어가는 노래 중에 "아뉴스 데이[Agnus Dei]"라는 것이 있다. agnus[단수 소유격 agni, 남성]는 라틴어로 "어린 양[lamb]"을 의미한다. 즉 Agnus Dei란 "신의 어린양"이라는 의미인 것이다. 물론 이것은 성서에서 "하나님의 어린 양"으로 묘사된 예수 그리스도를 가리키는 말이다.

라틴어 표현인 Deus ex machina란 일종의 무대용어로서 직역하자면 "장비[기계]로부터 온 신"이라는 의미이다. ex는 "~로부터"라는 의미의 전치사이고, machina는 "기계, 장비"를 의미하는 machina[단수 소유격 machinae, 여성]의 탈격형이다.[1부 2장 참조] 전치사 ex가 탈격의 명사를 동반하기 때문에 machina의 탈격형인 machina가 온 것이다.[1] 라틴어 전치사에는 in[~안에], de[~로부터, from], ex[~로부터, out of], ad[~을 향하여, to], pro[~을 위해, for], coram[~의 앞에서, in front of], cum[~와 함께, with], per[~을 통해, through], contra[~에 대항하여, against] 같은 것들이 있는데 주로 명사의 탈격형이나 목적격형과 함께 쓰이니 기억해 두자.[2]

그렇다면 Deus ex machina라는 표현의 진짜 의미는 무엇

---

1 라틴어로 "여신"은 dea(단수 소유격 deae, 여성)라고 한다. 혹시 남성적인 신만 말하는 것이 불편한 사람들이 있다면 그는 "기계로부터 나온 여신 dea in machina"이라는 말을 만들어 사용할 수도 있을 것이다.

2 신학교를 다니거나 신학을 공부하다보면 "Coram Deo"라는 표현을 많이 접하게 된다. 이것은 라틴어 표현으로서 "신 앞에서"라는 뜻이다. "~의 앞에서"라는 의미의 coram이라는 전치사가 탈격을 동반하기 때문에 deus의 탈격인 deo와 함께 coram deo가 되었다는 것을 알 수 있다. 물론 이 말은 다른 사람들의 시선이 아닌 신의 시선을 의식하며 살아야 한다는 의미가 담겨있는 말이다.

일까? 고대 로마에서 연극이 자주 공연됐다는 것은 잘 알려진 사실이다. 로마인들은 그리스의 영향을 받아서 연극을 좋아했으며 우리가 책에서 한번쯤 봤을 법한 거대한 원형극장에서 연극을 자주 공연했다. 그런데 연극의 소재까지 갖가지 신화적이고 역동적인 스토리로 구성된 그리스 대서사시일리어드 Illiad, 오디세이Odyssey 등에서 가져왔기 때문에 연극을 순조롭게 진행하기 어려운 때가 많았다. 현대영화에서도 컴퓨터그래픽을 사용해서 보여줘야 할 내용들을 당시의 인력과 적은 소품으로만 연출한다는 것은 당연히 어려운 일이었을 것이다. 이런 상황 때문에 가끔은 극의 진행 도중 난데없이 신을 상징하는 존재나 목소리가 등장하여 사건을 설명해주거나 아예 결말을 맺어주는 경우가 많았다. 마치 옛날 무성영화 시절에 변사들이 그랬던 것처럼 전지적 관점에 있는 어떤 존재가 등장하여 상황을 요약하고 정리해주었던 것이다. 그리고 사람들은 이렇게 극중에 등장하는 존재를 "Deus ex machina장비에서 나온 신"라고 불렀다. 그것이 극의 내용 자체와는 무관한 장비에서 나타나 상황을 해결해 준다는 의미에서 그렇게 부른 것이다. 물론 부득이하게 사용한 방법이었지만 당시 사람들도 이것이 바람직하지는 않다는 것을 알고 있었던 것으로 보인다.

가끔 이 시대를 살아가는 우리에게도 이렇게 실제 삶과 조화되지 않는 전지전능의 신을 찾는 모습이 보일 때가 있다. 특히 신을 믿는 사람들은 신이 인생의 정답이라고 하면서 종교적 교리와 같은 추상적이고 원론적인 내용에 안주하는 모습을 보인다. 어떤 이들은 오직 신을 의지한다고 하면서 당면한 현실을 회피하거나 외면하기도 한다. 그러나 어떤 교리나 계명을 가졌든 중요한 것은 그것을 각자의 삶 속에서 구체화시키는 것이 아닐까. 구체화되지 못하는 종교적 계율은 능동적이고 책임있는 삶을 방해한다. 신이 결국 무용한 존재로 전락해 버리는 상황이 되는 것이다. 어떤 경우라도 우리는 이러한 Deus ex machina를 신봉해서는 안 된다.

Thema III

오늘을 잡아라, 죽음을 기억하라

Carpe diem, Memento mori 카르페 디엠, 메멘토 모리

아마 한국인들에게 가장 친숙한 라틴어 문구는 "카르페 디엠[Carpe diem]"과 "메멘토 모리[Memento mori]"일 것 같다. 흔히 "오늘을 즐기라"는 의미로 이해되고 있는 "Carpe diem"은 정확히 표현하면 "오늘을 붙잡으라"는 의미의 명령문이다. 앞서 우리는 라틴어의 명령문에 대해서 얘기한 바 있다. 어떤 종류의 동사이던 그 원형은 늘 -are, -ere, -ire와 같이 re로 끝나는데 여기서 re를 떼어버리면 그 자체로 명령문이 된다. carpe는 "잡다, 뽑다, 수확하다"라는 의미의 3활용 동사 carpere[현재 1인칭 단수 carpo]의 명령형이다.[3활용 동사에 대해서는 1부 9장 참조] diem은 "날, 하루"라는 의미의 dies[단수 소유격 diei, 남성]라는 단어의 목적격이니, 이 문장은 "하루를 잡으라"나 "하루를 온전히 거두라" 정도의 뜻이 될 것이다.

이 문구는 호라티우스[Horatius, BC65 ~ BC8]라는 로마의 시인이 쓴 <송가[Ode]>라는 글에서 인용된 것이다. 이 글의 바로 앞부분에는 자신에게 주어진 운명이 무엇인지 묻지 말고 그저 지금의 시간을 있는 그대로 겪으라는 말이 나온다. 그리고는 "우리가 말하는 동안에도 시간은 우리를 시기하며 흘러가리라. 그러니 **오늘을 잡아라, 내일은 최소한만 믿으면서**"라고 말을 맺는다.[3] 시인이 쾌락주의로 대변되는 에피쿠로스 학파에 속한 까닭에 주로 "현재를 즐기라"를 의미로 이해되고 있지만, 그보다는 "무엇보다 지금 현재를 충실하게 살라"는 의미에 가까울 것 같다. 물론 시간이 물같이 흘러가고 젊음은 곧 사라지니 현재를 충실하게 누리라는 의미로도 이해될 수 있겠지만 말이다.

한때 필자는 '진정한 나의 삶은 어디있냐'는 식의 고민과 불평을 자주 했었다. 내가 살아야 할 어떤 삶이 있는데 어떤 오류나 잘못이 있어서 그 삶을 살고 있지 못하다고 생각하며 후회하고 불평했던 것이다. 그러나 생각해 보면 애초에 인생이란 자신이 받아들여야 할 현실 속으로 툭 던져지는 것이다. 자기의 존재부터 자신의 배경까지 이해할 만한 명분 속에서 주어지는 것은 없다. 인생이 본질적으로 이런 것이라면 내게 주어진 책임이란 그저 지금 처한 현실에서 가장 큰 행복과 보람을 거두는 것 아닐까. 자꾸 인생의 이상이나 소명과 같은 거대한 개

3 굵은 글씨의 원문은 "carpe diem, quam minimum credula postero"이다.

념에 집착할 때 오히려 나의 현실에 충실하지 못하게 될 가능성이 높은 것 같다. 내가 지금 처한 현실만이 진정한 나의 삶인 것이다. "Carpe diem"이라는 라틴어 문구는 우리를 이러한 상념으로 이끌어 준다.

"메멘토 모리Memento mori"란 "죽는 것을 기억하라"라는 의미이다. 라틴어에는 특이하게 미래형 명령문이 있다. 일종의 격언처럼 선포되는 문장이다. "memento"처럼 "-nto"로 끝나는 단어를 보면 그러한 명령형이라고 생각하면 된다. 즉 이 "Memento mori"는 장차 이 글을 보게 될 모든 사람들에게 "죽음을 기억하라"고 가르치는 문장인 것이다.mori란 동사의 원형(3활용, 수동)으로서 "죽다, 죽는 것"이라는 의미 이 말은 원래 로마의 군사들이 전투에서 이겼을 때 되뇌던 말이다. 비록 싸움에서 이겼지만 누구든 방금 본 전사자들처럼 죽기 마련이며 지금 당장이라도 죽을 수도 있으니 너무 기쁨에 도취되지 말고 자중하자는 의미가 담겨있다. 전쟁에서 방심이야말로 가장 무서운 적이라는 점에서 이 또한 매우 현실적인 격언이라고 할 수 있다. 이렇게 보면 들뜬 마음을 가라앉히고 지금에 충실하자는 의미의 "memento mori" 는 앞서 본 "carpe diem" 과 상당히 비슷한 결을 가진 조언처럼 들리기도 한다.

유학 시절 어떤 영국 친구가 "semel in anno licet insanire 세멜 인 안노 리쳇 인사니레"라는 라틴어 문장을 소개해 주며 고대 로마인들도 낙천적이고 여유를 즐기는 사람들이었다고 말한 적이 있다. 4활용 동사 insanire[현재 1인칭 단수 insanio]는 "이성을 잃다"라는 의미의 동사로 영어 형용사 insane["이성을 잃은, 정신 나간"]의 기원이 된 말이다.[4활용 동사에 대해서는 1부 9장 참조] 즉 이 문장은 "일 년에 한 번[semel in anno] 이성을 잃는 것은 괜찮다[licet]"라는 의미다. 늘 열심히 살던 로마인들도 일 년에 한 번은 그렇게 이성을 놓은 듯이 즐기는 것을 바람직하다고 여겼던 것이다. 어느 정도로 이성을 잃는 것을 말하는 것인지는 모르겠지만 그런 날이 일 년에 한 번 뿐이면 좀 적은 것 아닌가 하는 생각이 든다. 이런 말은 오히려 그들에게 하루하루를 충실히 살아가는 것이 가장 중요한 미덕이었음을 역설적으로 보여주는 것 같다.

그림으로 보는 라틴어

죽음의 날 Day of the Dead, Dia de los Meurtos

메멘토 모리 Memento mori, 죽음을 기억하라

북미에서는 10월의 마지막 날을 유령이나 괴물 분장을 하고 즐기는 할로윈 데이Halloween Day로 보낸다. 이는 고대 켈트 족의 축제에서 유래한 것으로, 이날 사람들은 먼저 세상을 떠난 이들의 안녕을 빌고 가난한 이들에게 음식을 베풀며 이웃과 교제의 시간을 보낸다. 멕시코에도 이와 비슷한 의미한 의미를 갖는 죽음의 날, 혹은 죽은 자들의 날Día de los Muertos이 있는데 유네스코 인류무형문화유산으로 지정될 만큼 특별한 날이다.

Thema Ⅳ

누구도 조국에서는 선지자가 아니다

Nemo propheta in patria 네모 프로페타 인 파트리아

"Nemo propheta in patria 네모 프로페타 인 파트리아"란 성서에 나오는 예수의 말을 라틴어로 옮긴 문구이다. 자신만의 종교적 메시지를 전했던 예수는 자신이 태어난 이스라엘과 유대 땅에서 활동을 하다가 그 활동의 파격성과 독특성 때문에 당시 종교인들이나 정치 지도자들로부터 공격과 핍박을 받았다. 기존의 종교적 형식에 구애받지 않은 점, 하나님을 자신의 아버지로 부르는 점 등이 그들의 심기를 건드린 것이다. 그의 활동을 기록하고 있는 성경 안의 책들에 따르면 그때 그는 "예언자가 자기 고향땅에서는 환영을 받지 못한다"고 말했다고 한다. 마태복음 13장, 누가복음 4장, 요한복음 4장에 이와 같은 표현이 등장한다. 자신은 신의 뜻을 온전히 알아 세상에 그것을 전하는 예언자 선지자, prophet 인데 그런 자신의 활동이 정작 자신의 고향에서는 인정이나 환영을

받지 못한다는 것을 그렇게 표현한 것이다. 실제로 예수를 신앙의 대상으로 믿는 그리스도교는 이스라엘 지역에 뿌리내리기보다 예수 사후 그 제자들의 포교활동을 통해 다른 지역으로 전파되어 세계화된 종교가 된다. 고향에서는 자신이 인정받지 못한다는 예수의 발언이 씨가 된 것 같은 느낌이다.

아마 많은 한국사람들이 <패트리어트>라는 이름의 영화나 미사일 이름에 익숙할 것이다. 영어로 패트리어트[patriot]는 "애국자"를 뜻한다. 이것은 "국가"라는 의미의 라틴어 patria[단수 소유격 patriae, 여성]에서 온 단어이다. "Nemo propheta in patria"에서는 그 탈격형인 patria가 쓰였다. "~안에"라는 의미의 in이 탈격을 수반하는 전치사이기 때문이다. 맨 앞에 나온 Nemo는 영어로 none[아무도 아닌, 없는]이라는 의미이며, propheta[단수 소유격 prophetae, 여성]는 예언자[prophet]라는 의미의 명사이다. 그렇다면 이 문구는"[자기] 나라 안에는 아무 예언자도 없다"라는 의미가 될것이다. 물론 be동사격인 est[~이다, ~있다]가 있어야 더 정확한 문장이 되겠지만, 앞서 보았듯이 라틴어에서 be동사는 자주 생략된다. 워낙 단어들 자체가 문법적인 기능을 충실히 하고 있어서 be동사가 없어도 의미해석에 어려움을 겪지 않을 때가 많다.

이런 말이 라틴어 격언으로 남은 것을 보면, 옛날 사람들도 "예언자가 고향에서는 인정받지 못한다"는 예수의 발언에 공감되는 바가 많았던 것 같다. 물론 동향 출신 사람들끼리 서로 도와가며 살아가는 경우도 많지만, 누군가가 세상에서 주목을 받거나 두각을 나타낼 때 그를 시샘하거나 그에 대한 비방과 폄하의 목소리를 내는 사람들 역시 그의 동향 출신 사람들일 때가 많다. 자신과 비슷한 배경이나 성장경험을 가진 사람이 주목을 받는 것에서 시기심이나 질투심을 느끼는 것일 수 있다. 혹은 그가 살아온 모습을 잘 알기 때문에 그가 세상에서 대단한 존재로 존경받는 것을 인정하고 싶지 않은 것인지도 모른다. 이런 것을 보면 동향 출신 사람들이란 누군가 성공을 마음 편히 누리기 위해서 극복해야 할 하나의 관문 같은 존재들인 것 같다.

하지만 이런 사람들은 일종의 관심을 구하고 있는 것 아닐까. 만일 서로 좋은 관계를 맺고 있다면 동향 사람의 출세를 누구보다 지지해 줄 사람들 또한 이들일 것이다. 따라서 우리는 어떤 상황에서는 나를 가장 잘 알고 나와 가까운 사람들을 서운하게 만들지 않도록 조심해야 한다. 이들은 가장 무서운 적군도, 가장 든든한 우군도 될 수 있는 사람들이기 때문이다. 예수가 서로 간에 사랑할 것을 가르치며 특별히 "네 이웃을 사랑하라"고 강조했던 것은 이렇게 자신의 경험에서 나온 말이 아니었을까.

Thema V

그 아버지에 그 아들

Qualis pater talis filius 콸리스 파테르 탈리스 필리우스

라틴어에는 “qualis A talis B”라는 일종의 관용어구가 있다. “qualis A talis B”는 A와 B가 동일한 성질을 갖는다는 의미이다. “qualis pater talis filius 콸리스 파테르 탈리스 필리우스”라는 라틴어 격언에서 pater는 “아버지”단수 소유격 patris, 남성라는 의미이고 filius단수 소유격 filii, 남성는 “아들”이라는 뜻이니 이 격언은 “그 아버지에 그 아들” 정도로 해석될 수 있을 것이다. 우리나라에도 비슷한 말이 있는 것을 보면 부자父子 간에 성격과 성향이 비슷하다는 인식은 동서고금 어디에나 있는 것 같다.

또 이와 비슷한 형태를 갖는 유명한 문구로는 “quot homines tot sententiae쿠옷 호미네스 톳 센텐시에”라는 것이 있다. 앞서 본 “qualis...talis...”가 성질에 대한 표현이라면 “quot...tot...”은 개수에 대한 표현이다. 우리가 배웠듯이 homines가 “사람들이”

라는 뜻이고 seantentiae는 “의견, 견해”라는 의미의 sententia[단수 소유격 sententiae, 여성]의 복수 주격이니 이 문구는 “사람들만큼 의견들이[있다]”라는 의미가 된다. 우리나라로 치면 “사공이 많으면 배가 산으로 간다” 정도의 표현인 것이다. 동서고금 어디서나 이렇게 비슷한 속담들이 많다는 것이 재밌다.

사실 “그 아버지에 그 아들”이라는 말이 그렇게 신뢰할 만한 말인지는 모르겠다. 부자 간에 서로 다른 경우도 주위에서 너무 많이 보기 때문이다. 외모나 사소한 습관, 성향은 비슷할 지 모르지만 가치관이나 인생의 비전 같은 것은 오히려 부자 간에 반대되는 경우가 많은 것 같다. 보통 아버지에 대한 불만을 가진 아들들이 아버지와는 정반대되는 삶을 지향한다. 어머니의 영향을 많이 받으며 자란 사람들 또한 아버지와 비슷한 면모는 적을 것이다. 어쩌면 이 “그 아버지에 그 아들”이라는 인식이야말로 동서고금에 존재해 온 대표적인 선입견이 아닐까.

비록 신뢰할 만한 것은 아님에도 불구하고 이러한 라틴어 격언의 존재는 그러한 인식을 갖는 것이 사람들의 보편적인 성향이라는 것을 말해준다. 인간에게는 누군가를 그의 배경이나 배경이 되는 사람과 연관지어서 생각하는 경향이 늘 존재한다는 것이다. 이런 세상에서 온전히 평가받고 또 누군가를 올바로 평가하는 일은 어렵지만 그만큼 가치있는 일이 될 것이다.

반복은 유용하다

Repetita iuvant 레페티타 이우반트

"Repetita iuvant 레페티타 이우반트"란 "반복은 쓸모가 있다 repetition does good"라는 의미이다. 라틴어에 "반복하다"라는 의미의 repetere 현재 1인칭 단수 repeto라는 동사가 있다. 이 동사의 과거분사는 repetitum 반복된으로서 repeto-repetere-repetivi-repetitum, 우리가 배웠다시피 이것은 1, 2변화 형용사 us-a-um처럼 사용된다. 이것을 안다면 "repetita iuvant"에서 repetita가 과거분사 repetitus-a-um의 중성 복수 주격형인 것을 유추할 수 있을 것이다. 물론 여성 단수 주격형도 repetita이지만 뒤에 나오는 동사 iuvant가 복수형인 것을 보면 이것이 중성 복수 주격형이라는 것을 알 수 있다 비록 꾸며주는 명사는 없지만 이것 자체가 명사적 용법으로 사용되어 "반복된 것들은"이라는 의미를 갖는다. 또한 iuvant는 "돕는다, 유용하다 이우바레" 라는 의미의 iuvare 현재 단수 1인칭 iuvo이라는 동사의 3인칭 복수형이다. 1활용 동사의 변화를 복습해 보자. 1부 8장 참조 결국 이 문구는 "반복된 것들은 유용하다"라는 의미가 된다.

사실 어떤 일을 반복적으로 하는 것만큼 지겨운 것은 없다. 특히 필자처럼 무엇에든 금방 싫증을 내는 사람들에게는 더더욱 그렇다. 그러나 반복을 통해서 익히는 것들만이 자기 것이 되고 삶에 실제적인 도움을 줄 수 있는 것도 사실이다. 고등학교 때 선생님이 시켜서 반복적으로 암송했던 정지용의 시구가 없었다면 필자는 아마 결혼을 못했을 수도 있다. 어떤 일을 반복한다는 것은 그것을 자신의 존재에 새긴다는 것을 의미한다. 대한민국 최고의 명슈터로 유명했던 농구스타 이충희는 잠자리에 드는 순간에도 침대에 누워서 슛동작을 연습했다고 한다. 슛하는 움직임이 자기 몸에 완전히 스며들게 했던 것이다. 또한 수도원에 사는 수도사들은 신에 대한 공경을 표현하는 크고 작은 행위들을 반복적으로 행한다고 한다. 이 또한 그런 동작들이 아예 삶의 양식이 되게 하려는 시도라고 할 수 있다.

반복은 우리의 취향까지 형성할 수 있다. 예를 들어 클래식 음악 같은 것은 반복해서 들어야만 그 묘미를 알 수 있고 그것을 좋아하게 될 수 있다. 간혹 자신은 처음부터 클래식 음악을 즐겨왔다고 말하는 사람들도 있지만 그런 사람들은 대개 음악이 주는 분위기만을 즐길 뿐이다. 정말 클래식 음악의 묘미와 가치를 알려면 반복적으로 들어야 한다. 반복이 취향을 형성하게 되는 것이다. 살면서 "머리좋은 사람은 노력하는 사람 못당하고, 노력하는 사람은 즐기는 사람을 이길 수 없다"는 식의 말을 자주 들었다. 무엇인가를 즐기는 사람은 그 일을 자주 할 테니 단순히 노력하는 사람보다 더 탁월한 성과를 낼 수 있는 것은 분명하다. 그러나 사실 즐길 수 있게 되는 것 자체가 몹시 어려운 것이며, 의지적으로 무엇인가를 반복해야만 그것을 제대로 즐길 수 있게 되는 경우가 많다. 그러니 무언가를 제대로 누리고 싶다면 그것을 꾸준히 반복해 보자. 물론 라틴어를 꾸준히 반복하는 사람들도 결국 다른 사람이 헤아릴 수 없는 즐거움을 누릴 수 있을 것이다.

Thema VII

어리석은 사람의 입에는 웃음이 넘친다

Risus abundat in ore stultorum 리수스 어분닷 인 오레 스툴토룸

라틴어로 “웃음”을 risus라고 한다. 단수 소유격 risus, 남성, 1부 15장 참조 즉 “risus abundat 리수스 어분닷”이란 “웃음이 넘친다”는 의미이다. 또한 라틴어로 “입”은 os 단수 소유격 oris, 중성 이고, ore는 그것의 탈격형이다. 1부 6장 참조 그렇다면 in ore stultorum 인 오레 스툴토룸 은 “어리석은 자들의 입에” 라는 의미가 될 것이다. “어리석은”이라는 의미의 형용사 stultus-a-um을 기억하자. 또한 라틴어 형용사들은 빈번히 명사적으로어리석은 것, 어리석은 자 등으로 쓰인다는 것도. 이제 “Risus abundat in ore stultorum” 문구의 의미를 짐작할 수 있다. 이것은 “어리석은 자들의 입에는 웃음이 넘친다”는 의미이다. 고대 로마인들은 웃음이 헤픈 자를 가볍고 어리석은 사람이라고 본 것이다.

사실 이 말은 좀 삭막한 말인 것 같다. 웃음은 자기를 드러내는 행위이다. 상대방을 경계하는 상태에서는 진정한 웃음이

나올 수 없기 때문이다. 따라서 "웃음은 어리석은 자의 것"이라든지 "많이 웃지 말라"와 같은 말들은 사람들 앞에서 속내를 드러내는 사람이 되지 말라는 말과 같다. 그러나 그렇게 모두가 자신을 숨기고 있는 분위기가 과연 편안할 수 있을까? 이런 말이 생긴 것은 아마도 당시 로마가 대외적으로는 전쟁에, 대내적으로는 정치적 암투에 시달리던 곳이기 때문인 것 같다. 순진하게 자기 속내를 훤히 드러내 보여서는 전쟁과 암투에서 살아남기란 힘들 것이니 말이다. 사실 웃음이란 실보다 득이 많은 행위라고 볼 수 있다. 웃으며 자신을 드러내보일 때 상대방도 자신에 대한 경계를 풀게 되기 때문이다. 자기를 투명히 드러내는 사람이 그렇지 않은 사람보다 더 편안하고 사랑스럽게 느껴지는 것은 당연하다.

하지만 웃음 중에는 교활하고 기회주의적인 웃음이 있는 것도 사실이다. 이것은 다른 사람을 떠보거나 자기의 이득을 취하기 위해 꾸며진 웃음을 말한다. 필자의 경험상 그런 웃음들은 비록 잘 꾸며진 것이더라도 그 실체가 생각보다 금세 파악되는 것 같다. 그런 웃음을 헤프게 짓는 사람들이 지지 받는 경우를 별로 본 적이 없다. 사람들에게는 웃음의 실체를 파악하는 본능적인 감각이 있는 것일까? 그렇다면 그러한 종류의 웃음을 헤프게 웃는 사람은 진정 어리석은 사람일 것이다.

Thema Ⅷ

기도하라 그리고 일하라

Ora et labora 오라 에트 라보라

세계 각지에 흩어져있는 베네딕트 수도회에 가면 "Ora et labora[오라 에트 라보라]" 라는 문구를 발견할 수 있다. 베네딕트 수도회란 프란치스코 수도회, 살레시오회, 예수회 같은 천주교의 주요 수도회[수도사들의 모임] 중 하나를 가리킨다. 라틴어로 orare[현재 1인칭 단수 oro]는 "기도하다, 간구하다[오라레]"라는 의미이다. 그리고 loborare[현재 1인칭 단수 laboro] 는 "일하다, 노동하다[라보라레]"라는 뜻이다. 그리고 가운데 있는 et은 "그리고" 라는 의미의 접속사이다. 그렇다면 "ora et labora"라는 문구는 무슨 의미일까? 앞서 라틴어의 명령문은 동사의 원형에서 뒤의 -re를 떼어서 만든다고 했었다. 그렇다면 이 문구는 "기도하라 그리고 일하라"라는 의미가 될 것이다. 이 문구는 베네딕트 수도회의 모토로서 기도와 노동에 동시에 힘쓰고자 하는 이 수도회의 정신을 잘 나타내 준다.

사실 수도사들에게 있어서 신을 향해 드리는 기도는 가장 중요하고 고귀한 일이라고 할 수 있다. 이 일에 집중하기 위해서 그들은 속세를 버리고 수도자가 된 것이다. 그러나 그럼에도 불구하고 그들의 삶에 기도만 있어서는 안된다. 아무리 수도자들이라고 할지라도 신이 주신 자신의 육체를 움직여서 무엇인가 생산적인 일을 해야 한다. 그 일이 자연을 경작하는 것이든 수도회에 봉사하는 것이든 말이다. 수도사들이 이렇다면 일반 신자들 또한 기도와 동시에 노동에도 힘써야 함은 말할 것도 없다. 자연을 가꾸거나 문명사회에 기여하는 것 또한 그들의 신앙이 돼야 한다. 여기에는 단순한 경제활동도 포함될 수 있다. 이렇게 함으로 그들은 세상에 깃든 신의 섭리를 깊이 알아서 보다 올바른 기도를 드릴 수 있는 것이다. 과거와는 달리 우리나라에서 종교들이 힘을 잃어가고 있다는 말을 듣는다. 이 시대 종교들의 문제는 종교적 행위에만 집착하면서 자연과 세상을 향해 말걸지 않아 왔다는 것에 있지 않을까.

강자 앞에서 약자는 설 곳을 잃는다

Ubi major minor cessat 우비 마이요르 미노르 체삿

음악에서 장조는 장음계를 사용하여 밝은 느낌을 내는 조성이며, 단조는 반대로 단음계를 써서 어둡고 슬픈 느낌을 내는 조성이다. 영어로 장조를 major라고 하고 단조는 minor라고 하는데 이 단어들 또한 라틴어에 그 기원을 두고 있다. 라틴어로 major은 "더 큰"이라는 의미의 형용사이며, minor 은 "더 작은" 이라는 의미의 형용사인 것이다. 이것들이 세월을 거치면서 음악의 장조와 단조를 의미하게 됐다고 볼 수 있다.

통상 라틴어 형용사의 비교급은 형용사의 어간에 -ior 남성과 여성와 -ius 중성 를 붙여서 만들어 준다. 예를 들어 "높은 알투스" 이라는 형용사 altus-a-um을 비교급 더 높은 으로 만들면 altior 남성, 여성, altius 중성가 되는 것이다. 그리고 그 단수 소유격이 atioris인 3변화 명사처럼 변화시키며 사용한다. 그러나 "거대한 마뉴스"이라는 의미의 형용사 magnus-a-um의 비교급[더 큰]은 예외적으로 major[마이요르, 남성 및 여성], majus[마이유스, 중성]이라고 한다. "작은[파르부스]"을 의미하는 parvus-a-um 의 비교급[더 작은] 또한 예외적으로 minor[미노르, 남성 및 여성], minus[미누스,중성] 라고 쓴다. 상당히 자주 나오는 표현이니 여기서 잘 기억해두면 좋을 것이다.

결국 Ubi major minor cessat이라는 격언은 말 그대로 "더 큰 자[강한 자]가 있는 곳에서 작은 자[약자]는 힘을 잃는다"는 의미이다. "더 큰" 이라는 의미의 major와 "더 작은"이라는 의미의 minor가 명사적 용법으로 쓰여서 각각 "더 큰 사람" , "더 작은 사람"이 됐다. 라틴어로 ubi란 "어디어디에[장소]"를 의미하는 장소부사[영어의 where에 해당]이다. 혹시 인터넷 용어 중 유비쿼터스[ubiquitous]라는 말을 들어보았는가? 언제 어디서나 인터넷에 접속할 수 있는 네트워크 환경을 유비쿼터스라고 하는데 이것은 "어느 곳에서나"를 의미하는 라틴어 부사 ubique에서 나온 말이다. cessat는 "멈추다, 그치다[체사레]"라는 의미의 1활용 동사 cessare[현재 1인칭 단수 cesso]의 현재 3인칭 단수형이다. 이제 이 문구가 어떻게 "강한 자가 있는 곳에서 약한 자는 멈춘다[무력하게 된다]"는 의미인지 이해할 수 있을 것이다. 라틴어에는 이렇게 현실적인 힘의 논리를 인정하는 격언이 많은 편이다. 앞서도 언급했지만 국내외적으로 전쟁와 정쟁[政爭]이 만연했던 분위기였기 때문이다.

물론 이 말은 누구나 쉽게 수긍할 수 있는 말이다. 자기보다 더 강하거나 능력있는 사람 앞에서 자기의 힘이나 능력을 과시하는 사람은 거의 없을 것이다. 오만하던 사람도 자신보다 더 강한 사람이 나타나면 자연스럽게 그런 태도를 버리기 마련이다. 또한 자신이 강자의 입장에 있는 경우라도 오만한 태도를 취하는 것은 잘못이다. 왜냐면 늘 자신보다 더 강한 사람은 존재하기 마련이며 그런 사람이 나타나면 자신도 순식간에 약자가 돼 버리기 때문이다. 이렇게 이 격언은 현실의 논리를 말하면서도 우리로 하여금 늘 신중하고 조심스러울 것을 가르친다.

사실 실생활에서는 능력의 기준도 다양하며, 누가 강자이고 누가 약자인지 판별이 잘 안되는 경우가 많다. 필자는 처음 영국으로 유학을 갔을 때 투박하고 음침하게 생긴 어떤 중국 학생이 필자와는 비교할 수 없이 유창한 영어로 서양 학생들과 소통하는 모습을 보고 충격과 자괴감에 빠진 경험이 있다. 유학생들의 세계에서는 그 중국 학생이야말로 진정한 강자였던 것이다. 따라서 수치감을 당하지 않으려면 우리는 누구든 늘 조심스럽게 대하는 수밖에 없다. 아무리 약해 보이는 사람이라도 어느 순간 우리가 미처 예상 할 수 없는 모습으로 자신의 강함을 드러낼 수 있기 때문이다.

Thema X

인간은 인간에게 늑대와 같다

Homo homini lupus 호모 호미니 루푸스

위에서 본 것과 비슷한 격언으로 "homo homini lupus[호모 호미니 루푸스]"라는 것이 있다. 이것은 고대 로마의 <아시나리아[Asinaria]>라는 희곡에 등장했던 문구로 당대의 문인이던 오비디우스나 세네카 뿐 아니라 한참 후대의 에라스무스, 홉스, 프로이드 같은 대사상가들까지 인용했던 표현이다. lupus[단수 소유격 lupi, 남성]는 "늑대"라는 뜻이다. 그렇다면 이제 이 말의 의미를 짐작할 수 있지 않을까? 우리가 배웠다시피 homo는 "인간"이라는 의미의 homo[단수 소유격 homonis, 남성]의 주격이고 homini는 같은 homo의 여격형[인간에게]이다. 즉 이것은 "인간은 인간에게 늑대다"라는 의미이다. 인간들의 세계가 마치 늑대들이 모여있는 약육강식의 세계와도 같다는 것이다. 인간에 대한 낭만적인 견해를 제거한 채 오직 인간의 이기심에 초점을 맞추어 인간을 설명하는 표현이라고 할 수 있다. 좀 무섭기도 하지만 살다보면 이 말을 꼭 붙잡아야 할 상황들도 분명히 있지 않을까? 이 말을 위대한 사상가들이 어떤 식으로 인용하고 적용했는지에 대해서는 각자 공부해 보도록 하자.

필자에게는 "pecunia non olet[페쿠니아 논 올렛]" 이라는 라틴어 문구도 위와 비슷한 느낌을 다가온다. 어떤 로마황제의 말에서 유래했다고 알려진 이 말은 "돈은 악취가 나지 않는다"는 의미이다. pecunia[단수 소유격 pecuniae, 여성]은 "돈[money]"을 의미하고 olet은 "냄새[악취]를 풍긴다"는 의미의 2활용 동사 olere[현재 1인칭 단수 oleo]의 현재 3인칭 단수형이다.[1부 9장 참조] 돈을 몹시 좋아하는 사람이 했을 것 같은 이 말은 돈의 가치가 그 외면적인 상태와는 무관하다는 의미이기도 하며 돈은 그 출처에 의해서 가치가 폄하당하지 않는다는 의미이기도 하다. 이렇게 이상적이거나 낭만적인 관점을 제거한 라틴어 격언들도 어딘가에는 진실성을 담고 있다.

Thema XI

말은 사라져도 글은 남는다

Verba volant, scripta manent 베르바 볼란트, 스크립타 마넨트

“Verba volant, scripta manent[베르바 볼란트, 스크립타 마넨트]”라는 문구는 직역하면 “말[言]들은 날아가고, 쓰여진 것들은 남아있는다”는 의미이다. 말 그대로 말로 발설한 내용보다는 글로 쓰인 것이 훨씬 오래 세상에 남게 된다는 뜻이다. verba는 “말, 언어[베르붐]”라는 의미의 verbum[단수 소유격 verbi, 중성]의 복수 주격형이며, volant는 “날다, 날아가다[볼라레]”라는 의미의 동사 volare[현재 1인칭 단수 volo]의 현재 3인칭 복수형이다. 결국 verba volant란 “말들은 날아간다”는 의미인 것이다. scripta는 “쓰다[스크리베레]”라는 의미의 3활용 동사 scribere[현재 1인칭 단수 scribo]의 과거분사형 scriptum[쓰여진]의 중성 복수 주격형이다. 물론 여기서는 명사적 용법으로 쓰였다.[“쓰여진 것들”] 마지막으로 manent는 “남다, 머물다[마네레]”라는 의미의 2활용 동사 manere[현재 1인칭 단수 maneo]

의 현재 3인칭 복수형이다.

살면서 다른 사람과 시비가 붙는 경우가 있다. 이때 더 목소리가 크거나 말을 유창하게 잘하는 사람이 이기는 것처럼 보이지만, 사실 제대로 시비를 가리면 자신의 입장을 글로 조리있게 써서 사람들을 설득하는 사람이 이기게 된다. 또 학교 다닐 때 보면 말 잘하고 수다 잘 떠는 친구들은 많지만 결국 상장을 타거나 선생님의 칭찬을 받는 것은 차분하게 무언가를 쓰고 그리는 일을 잘했던 친구들이다. 말을 잘하는 것은 글을 잘 쓰는 것에 비해 뭔가 촐랑거린다는 느낌을 준다는 것도 말 잘하는 사람 쪽이 갖는 핸디캡이라고 할 수 있다. 혹시 우리에게 전수돼 내려온 격언들과 명문들도 과거에 말싸움에서는 졌던 사람들이 골방에서 몰래 남긴 흔적들 아닐까. 확실이 이 라틴어 문구가 말해주듯 세상에 족적을 남기기 위해서는 말을 잘하는 것보다 글로 무언가를 남기는 것이 더 효과적인 것 같다.

예전에 자신은 세상에 전혀 흔적을 남기고 싶지 않으며, 자기에게는 오직 자기의 삶만이 중요하다고 말하는 사람을 본 적 있다. 그는 죽은 이후에 이름을 남기는 게 자신에게 무슨 의미가 있냐는 말도 하였다. 꽤 설득력 있게 들리는 말이었다. 이렇게 자기의 인생을 의미있게 가꾸는 것만이 중요하다고 생각하는 사람들은 꼭 글로서 자기 생각을 세상에 남길 필요는 없을 것이다. 그런데 얼마 전 필자는 필자가 대학생 때부터 직장생활 할 당시까지 썼던 일기장을 우연히 발견하여 읽게 되었다. 일기장에는 삶이 행복하지 않은 것을 불평하면서 당시 여자 친구를 비롯한 주위 사람들을 탓하는 말들이 길게 쓰여 있었다. 당시 필자가 참으로 의존적이며 불평 많은 사람이었다는 것을 이 글들을 통해 확인할 수 있었다. 비록 지금은 가치관이 바뀌었다고 믿지만, 젊은 시절 오래도록 저런 모습으로 살아왔던 만큼 저 성향이 지금 내 안에도 깊이 박혀 있을 수 있다는 생각이 들었고 이것은 내게 경각심을 주었다. 대체 일기장이 아니었다면 누가 필자의 이런 모습에 대해서 일깨워 줄 수 있었을까. 이렇게 우리는 글을 씀으로 누구보다 미래의 자신에게 말을 건넬 수 있다. 말로 하기보다 글로 써서 남기라는 격언은 오직 자신의 삶을 충실하게 가꾸고자 하는 사람에게도 필요한 말이다.

Thema XII

사랑에 빠진 사람은 창백해야 한다

Palleat omnis amans 팔레앗 옴니스 아만스

필자가 라틴어를 공부한 기간은 미국과 영국에서의 유학기간이다. 서구의 인문학도들 중에는 라틴어를 할 줄 아는 사람이 많지만 실생활에서 그것을 사용하는 사람은 본 적이 없다. 대개 학문적인 목적을 위해 라틴어를 사용할 뿐이다. 하지만 라틴어 원전들을 가지고 공부하는 경우가 많다보니 거기에 쓰인 문장들을 통해 실생활에 도움이 되는 인사이트들을 얻는 경우가 있다.

영국유학 당시 필자의 기숙사 옆방에는 좋아하는 여학생의 마음을 얻지 못해 괴로워하는 중국인 유학생 친구가 살고 있었다. 나는 그가 사랑에 빠진 사람으로서는 너무 해맑고 천진스러운 얼굴을 하고 있다고 느꼈고, 당시 내가 읽던 오비디우스Ovidius, BC43 ~ AD17의 《사랑의 기술Ars amatoria》 라틴어 원전에

나온 "사랑에 빠진 사람은 창백해야 한다. 이것이 사랑하는 이에게 적합한 색깔이다Palleat omnis amans: hic est color aptus amanti 팔레아 옴니스 아만스:힉 에스트 콜로르 압투스 아만티"라는 구절을 인용하며 그에게 외모를 조금 해쓱하고 창백하게 만들어보도록 권했다. 그는 내 권면을 받아들였고 이 작전이 통했는지 곧 좋아하는 사람의 마음을 얻어서 진한 연애를 시작했다. 그리고 수년이 지난 얼마 전에 SNS를 통해 그녀와 결혼하게 됐다는 소식을 전해왔다.

스스로를 사랑의 신 에로스를 넘어서는 연애 마스터라고 소개하는 오비디우스에 따르면 사랑하는 사람은 그 외모에서부터 사랑하는 기색이 묻어나야 한다. 그리고 사랑을 가장 잘 드러낼 수 있는 것은 사랑의 갈망으로 인해 수척해진 얼굴이다. 그런 외모를 가질 때 그의 사랑이 보다 진실하고 호소력있게 상대에게 다가갈 수 있다는 것이다. 우습기도 하지만 어느 정도 설득력이 있지 않은가? 참고로 오비디우스는 남자는 사랑할 때 외모치장에 별로 신경을 쓸 필요가 없다고 했다. 대신 삐져나온 코털을 제거하고, 손톱 부위를 깨끗하게 하며, 머리와 수염을 단정하게 하라고 했다. 치아 관리도 철저하게 하라고 했다. 한마디로 청결에 신경쓰라는 것이다. 왠지 현대의 여성들도 십분 공감할 것만 같은 조언들이다.

Thema XIII

달걀에서부터 사과까지

Ab ovo usque ad mala 아브 오보 우스퀘 아드 말라

라틴어에 “ab ovo usque ad mala[아브 아보 우스퀘 아드 말라]”라는 말이 있다. ovo는 달걀[오붐]을 의미하는 ovum[단수 소유격 ovi, 중성]의 탈격형이고 mala는 사과[말룸]를 의미하는 malum[단수 소유격 mali, 중성]의 복수 목적격형이다. 즉 이 문구는 “달걀에서부터 사과까지” 라는 뜻이다. 고대 로마인들은 식사 첫 순서[전채요리]로 달걀을 먹었고 마지막 후식으로 사과를 먹었다고 알려진다. 다시 말해 이것은 식사의 전[全]과정을 의미하는 문구인 것이다. 비유적으로 처음과 끝을 아우르는 어떤 일의 전순서를 의미하기도 한다.

가끔 누군가를 만나고 있는 중에도 자꾸 전화기를 만지작거리며 다른 만남이나 용무를 생각하는 사람들이 있다. 이런 사람들은 종종 만남이 무르익기도 전에 다른 일을 위해 자리를

떠나기도 한다. 그러나 인격적인 사귐은 최소한 식사 한끼를 온전히 함께 할 수 있는 사람들 간에 이뤄지는 것 아닐까. 식사는 인간에게 가장 중요하고 본연적인 행위이기 때문이다. 누군가를 제대로 사귀거나 그의 마음을 얻고자 할 때는 이 "ab ovo usque ad mala"의 시간을 함께 보내도록 계획해 보자.

Thema XIV

자연은 무의미하게 행하지 않는다

Natura nihil frustra facit 나투라 니힐 프루스투라 파칫

필자는 영국에서 유학하던 기간에 충격적인 사건을 겪었다. 그것은 사랑하던 사촌형의 죽음이었다. 인생의 힘든 시기마다 위로가 돼 주었던 형이 결국 내게 가장 큰 슬픔을 주고 떠난 것이다. 그는 학창시절에 몸이 많이 아팠으나 웃음으로 그것을 극복한 사람이다. 질병으로 메마르고 강팍해질 수 있는 시기에 그는 오히려 사람들을 향해 더 많이 웃어주었고 그런 형의 존재는 내게 늘 힘이 되었다.

그런 그의 부음을 들었을 때 필자는 한동안 제대로 식사조차 하지 못할 정도로 힘들었다. 이제 내가 웃을 수 있는 근본적인 토대가 사라진 것 같았기 때문이다. 그때 나는 나의 운명을 원망했다. 하필이면 가장 사랑하는 사람을, 너무 멀리 있어서 제대로 배웅조차 할 수 없는 시기에, 하늘로 데려간 것에 대

해 억울해하며 불평했던 것이다.

그때 원망을 그치게 한 것은 다름 아닌 라틴어다. 당시 우리 학교에서는 "자연[나투라 natura]"을 주제로 한 라틴어 강독 과정이 진행되고 있었는데, 아내에 의해 등떠밀려서 나간 그 자리에서 "Natura non contristatur[나투라 논 콘트리스타투르]"라는 라틴어 격언을 접하게 되었다. 이것은 "자연은 슬퍼하지 않는다"라는 의미로, 우리의 개인적인 형편과 사정에 연연하지 않는 자연의 섭리를 가리키는 문구다. 다소 야속하게 들리는 이 말은 죽음을 포함한 자연의 섭리가 인간 개인의 사정을 봐주지 않는다는 당연한 사실을 상기시켜 주면서 오히려 나로 하여금 운명에 대한 불만의 목소리를 그치게 해주었다. 불평하고 원망하는 것은 스스로 어리석은 사람이 되는 길이라는 생각이 들게 한 것이다.

또한 당시 강독시간을 통해 "Natura nihil frustra facit[나투라 니힐 프루스투라 파칫]"이라는 문구도 접할 수 있었다. 이것은 "자연은 무의미하게 행하지 않는다"라는 의미다. 생각해 보면 형은 자연의 섭리를 따라 누구나 언젠가는 돌아가야 할 곳으로 간 것뿐이다. 오히려 그는 자연과 하나가 됨으로 이제 언제든지 내 곁에 있을 수 있게 된 것이 아닌가? 이렇게 필자는 라틴어 문구들이 주는 담담한 가르침들을 통해서 크나큰 슬픔의 시기를 무사히 통과할 수 있었다.

Thema XV

말이 아닌 행동

Acta non verba 악타 논 베르바

좌우명이라고 하기엔 거창하지만 필자가 성장하는데 도움이 된 라틴어 문구를 하나 꼽으라면 "Acta non verba^악타 논 베르바"를 꼽을 것 같다. 이것은 "말이 아닌 행동"이라는 뜻이다. acta는 "행위, 행동"^단수 소유격 actorum, 중성, 복수형만 쓰임이라는 의미이고, verba는 "말, 말씀^베르붐"이라는 의미의 verbum^단수 소유격 verbi, 중성의 복수 주격형이다.

어떤 일에 대해 말만 할 때는 그것이 실제로 어떤 일인지 잘 알지 못한다. 그래서 앞서 그 일을 한 사람들을 비웃거나 못마땅하게 여기기도 한다. 그러나 자신이 몸소 그 일을 수행해 보면 그것이 얼마나 어려운 일인 지 깨닫게 된다. 직접 해 보지 않을 때는 알 수 없는 부분을 알게 되는 것이다. 그러면서 다른 사람들의 노력도 함부로 재단하거나 폄훼하지 않게 된다. 비로소 타인과 세상을 이해하게 된다고도 말할 수 있을 것 같다. 이렇게 몸소 무언가를 행하고 경험함으로 우리는 다름 아닌 겸손을 배우게 된다.

Thema XVI

지금 하는 것을 하라

Age quod agis 아제 쿠오드 아지스

필자는 어릴 때 가족과 함께 영화를 볼 기회가 많지 않았다. 아버지는 역사극, 어머니는 코미디, 여동생은 로맨스, 나는 액션과 스릴러를 좋아했기 때문에 모두 함께 볼만한 영화를 찾기 어려웠기 때문이다. 그래도 비디오나 DVD를 구해서 <내일을 향해 쏴라>[1969], <툼스톤[tombstone]>[1993]과 같은 미국 서부영화를 가족들과 함께 본 기억은 있다. 지금 생각해 보면 서부영화라는 장르가 가족 각 사람의 취향을 골고루 만족시켜주는 측면이 있어서 가능하지 않았나 싶다. 비록 누구도 가장 좋아하는 장르는 아니었지만 여러 사람을 만족시킬 만한 요소를 골고루 담고 있었던 것이다. 그러고 보면 세상에는 개성이 뚜렷하지는 않지만 다른 사람들을 편안하게 하고 두루 묶어줄 수 있는 사람도 많이 필요한 것 같다.

Juventus stultorum magister
젊음은 어리석은 자들의 스승이다.

Age quod agis
당신이 하고 있는 일을 해!

당시 보았던 <툼스톤>이라는 서부영화에는 서부의 총잡이들이 휴게실 같은 곳에서 라틴어 격언들을 주고 받으며 말싸움을 하는 장면이 나온다. 자신이 라틴어까지 할 줄 안다는 것을 보여주면서 라이벌과 기싸움을 벌이는 순간이라고 할 수 있다. 이때 그들이 한 말 중에 기억에 남는 것은 "In vino veritas 인 비노 베리타스, 포도주 안에 진리가 있다", "Juventus stultorum magister 유벤투스 스툴토룸 마지스테르, 젊음은 어리석은 자들의 스승이다", 그리고 "Age quod agis 아제 쿠오드 아지스, 네가 하고 있는 일을 하라"와 같은 것들이다. 영화 속 캐릭터들은 별 맥락도 없이 이런 말들을 나열 하는 것만으로도 상대의 기를 꺾을 수 있다고 생각했던 것일까?

age는 "행하다 아제레"하는 의미의 3활용 동사 agere 현재 1인칭 단수형 ago의 명령형이며, quod는 영어의 what에 해당하는 관계사이다. 따라서 "Age quod agis"는 "네가 하고 있는 일을 하라"

는 의미가 된다. 과도한 망상이나 계획을 버리고 무엇보다 지금 하는 일에 충실하라는 말이라고 할 수 있다. 현재 하고 있는 일을 가벼이 여기거나 쉽게 포기하는 사람이 앞으로 있을 일들을 과연 잘 할 수 있을까. 어떤 미래를 꿈꾸던 우리는 무엇보다 지금 하고 있는 일을 충실히 할 수 있어야 할 것이다. 그것이 바로 우리의 미래를 가늠하는 지표이기 때문이다.

In vino veritas

포도주 안에 진리가 있다

Thema XVII

영혼은 웃음으로 새로워진다

Animus risu novatur 아니무스 리수 노바투르

필자는 대학교 4학년때 졸업하는 것이 싫어서 휴학을 하고 서너 달 남아프리카공화국에 살다온 바 있다. 그곳을 거점 삼아 아프리카 여행도 하고 미지의 사람들도 만나보고 싶어서 그런 결정을 한 것이다. 그때 머물던 셰어하우스 앞방에 한국에서 온 누나가 있었는데 그는 누가 웃긴 말 했을 때 웃으면 자기가 졌다고 생각하는 조금 이상한 누나였다. 별로 안 웃긴 말들에는 괜히 과장되게 웃고, 필자가 어디서 들은 진짜 웃기는 얘기를 해줬을 때는 어색하게 인상을 쓰면서 화제를 돌렸던 기억이 난다. 그리고는 전화로 한국에 있는 가족에게 내가 해준 얘기를 웃으며 전하는 것을 복도에서 우연히 들었다. 과연 남의 말을 듣고 웃으면 자신이 지는 것인가? 웃는다는 것은 오히려 마음이 넉넉하고 여유롭다는 증거이다. 아마도 자존심 때문에 그런 것이겠지만 그렇게 함으로 그 누

나는 오히려 스스로 나약한 사람이라는 것을 증명해 보인 셈이다.

라틴어에 "Animus risu novatur아니무스 리수 노바투르"라는 말이 있다. 이것은 "영혼은 웃음으로 새롭게 된다"는 의미다. novatur는 "새롭게 하다"라는 의미의 1활용 동사 novare현재 1인칭 단수 novo의 현재 3인칭 단수 수동형"새롭게 되다"이다.1부 18장 참조 이 문장에는 웃지 않는 사람의 영혼이 마치 고여있는 물과 같다는 의미도 담겨 있다. 이 말이 가르치듯 우리는 늘 자연스러운 웃음을 웃으며 자신을 새롭고 신선한 모습으로 유지해야 할 것이다.

Thema XVIII

친구는 영혼의 반쪽

Amicus animae dimidium 아미쿠스 아니메 디미디움

얼마 전 중국집에 갔을 때 필자의 옆테이블에 있던 남자가 "다꽝 좀 더 주세요"라고 했다가 같이 온 여자 친구한테 촌스럽다고 구박 받는 모습을 보았다. 단무지를 일본식으로 다꽝이라고 한 것이 여자 친구의 심기를 불편하게 한 것이다. 음식이 나와서 먹으려고 하는데 이번엔 여자가 남자한테 "손 씻쳤어?" 이러는 바람에 둘은 다시 크게 싸웠다. 아마 남자는 여자가 표준어로 "손 씻었어?"라고 물어주길 바랐던 것 같다. 필자는 너무도 흡사하게 행동하는 두 사람을 보면서 천생연분이 어떤 것인지 느껴볼 수 있었다.

라틴어에 "Amicus animae dimidium 아미쿠스 아니메 디미니움"이라는 표현이 있다. 이것은 "친구는 영혼의 반쪽"이라는 의미이다. 이것은 서로 사랑하는 부부나 연인에게도 잘 어울리는 말

인 것 같다. 그들은 영혼이라고 표현될 수 있는 마음의 가장 깊은 부분을 공유하고 있는 사람들인 것이다. 부부나 연인 간에는 상대방의 모습이 곧 자신의 모습이라는 것을 기억할 때 서로를 보다 잘 이해하고 사랑할 수 있을 것이다.

우정과 관련된 또 다른 라틴어 표현 중에는 "Amicitia vera illuminat[아미치시아 베라 일루미낫]"이라는 것도 있다. 이 말은 "진정한 우정은 빛을 낸다[Authentic friendship shines]"는 뜻이다. 오랜 세월 동안 우정을 지속해 온 사람들의 모습은 아름답고 다른 사람들에게도 감동을 주기 마련이니 이런 말이 있을 법도 하다.

오랜 친구는 자기의 모습을 비춰주는 거울이라고도 할 수 있다. 영혼을 공유한 친구의 모습에는 바로 자기 자신의 모습이 투영돼 있는 것이다. 자기 자신을 가꾸어 빛이 나게 하고 싶다면 먼저 친구의 모습을 통해 자신의 모습을 바로 볼 수 있어야 할 것이다.

Thema XIX

우리는 가르침으로 배운다

Docendo discimus 도첸도 디쉬무스

필자가 살면서 가장 많은 잔소리를 들었을 때는 필자의 아이가 초등학교에 처음 들어갔을 때였던 것 같다. 당시 그는 집에 들어오면 이방 저방 돌아다니면서 전기불을 끄고는 전기를 늘 아껴써야 한다고 잔소리를 해댔다. 또한 엄마나 아빠가 하는 말을 유심히 들으며 거기 비속어나 거친 말이 나오면 보다 순화된 언어를 쓰라고 꾸중했다. 책상 앞에 앉아 있는 시간이 많은 필자에게 일할 때는 틈틈이 몸을 움직여 운동을 하라는 말도 했다. 물론 자신이 학교에서 배운 내용들을 부모에게 가르치는 식으로 전달한 것이다. 혹시 그렇게 가르치는 것이 자기 스스로 배우는 길이라는 것을 알고 있던 것일까.

라틴어에 "Docendo discimus[도첸도 디쉬무스]"라는 말이 있다. 이것은 "우리는 가르침으로 배운다"라는 의미이다. 가르치는 직업을 갖고 있는 필자의 경험상 무언가를 다른 사람의 눈높이에 맞게 풀어내고, 비유와 사례를 곁들이고, 연관된 개념을 찾아 비교하는 과정에서 누구보다 나 자신이 그것을 보다 분명하고 폭넓고 생생하게 이해하게 된다. 가르치는 일이 나를 더 깊은 이해와 배움으로 이끌어 주는 것이다. 혹은 누군가를 가르쳐야 하는 책임감이 나를 더 큰 배움으로 이끌어준다고도 말할 수 있을 것 같다. 인생을 배운다는 것도 이와 비슷하지 않을까? 무슨 일에 있어서든 관망자나 수동적인 학습자로 남아 있기보다는 더 많이 책임지고 다른 사람과 교류하는 자리로 들어올 때 우리는 우리의 삶으로부터 거두는 것이 훨씬 더 많을 것이다.

Thema XX

누구도 냉정하게 춤추지는 않는다

Nemo saltat sobrius 네모 살탓 소브리우스

감성이 풍부해지는 밤시간은 사랑에 빠진 사람에게 수많은 영감을 주기도 하지만 동시에 감당하기 어려운 부끄러움의 원천이 되기도 한다. 대학생 시절에 필자는 좋아하는 여자에게 어설픈 시를 써서 보낸 후 극도의 부끄러움에 시달렸던 적이 있다. 김춘수 시인의 <꽃>이라는 시를 패러디해서 쓴 시였는데 지금도 당시 내가 지어낸 표현들을 떠올리면 얼굴이 화끈거릴 정도이다. 그때 만일 지금처럼 라틴어를 할 줄 알았다면 나는 아마 "Nemo saltat sobrius, nisi forte insanit[네모 살탓 소브리우스, 니시 포르테 인사닛]"이라는 문구를 인용하며 나 자신과 그 여자를 향해 변명했을 것 같다. 키케로가 한 이 말은 "누구도 냉정한 상태로 춤추지는 않는다, 심각하게 미치지 않은 이상"이라는 의미이다. 춤을 춘다는 것은 이미 냉철함과는 거리가 먼 행

동이라는 것이다. 당시 좋아하던 여자에게 이런 문구를 소개할 수 있었다면 내가 설렘에 젖어서 그런 낯뜨겁고 억지스러운 시를 써보낸 것을 정당화시킬 수 있었을 것 같다. 또한 그녀에 대한 사랑을 춤추는 일에 비유함으로서 그녀의 마음을 사로잡을 수 있었을지도 모른다.

사랑하면서 저지르는 실수에 대해 변명할 수 있게 해주는 말들은 세상에 많이 있다. 하물며 신에게조차 사랑과 분별을 동시에 갖추는 일은 어렵다고 하지 않는가. Amare et sapere vix deo conceditur. 아마레 에트 사페레 빅스 데오 콘체디투르 그러니 어떤 상황에서든 사랑하는 일과 사랑을 표현하는 일을 두려워하지는 말자. 영국 시인 알프레드 테니슨 Alfred Tennyson, 1809~1892 이 죽은 친구를 기리는 시집《인 메모리엄 In Memoriam A.H.H》에서 말한 것처럼 사랑을 하고 사랑을 잃는 것이 사랑을 아니한 것보다는 낫다. 'Tis better to have loved and lost than never to have loved at all.

Thema XXI

진정한 예술은 기술을 감추는 것이다

Ars est celare artem 아르스 에스트 첼라레 아르템

20세기를 수놓은 유명한 피아니스트 중 알프레드 코르도(Alfred Cortot, 1877~1962)라는 사람이 있다. 그는 특이하게도 미스터치(음을 잘못 치는 것)로 유명한 연주자다. 정말 유명 피아니스트가 맞나 싶을 정도로 그의 연주들에는 미스터치가 많이 나온다. 물론 일부러 그러는 것은 아니고 피아니스트지만 기교가 다소 부족한 탓이다.

그래도 그 연주의 서정성과 우미(優美)함은 피아노 역사상 으뜸으로 여겨진다. 서정적 아름다움에 있어서는 그를 따라갈 연주자가 없다는 의미이다. 피아노를 배워가는 아이들처럼 음을 틀리면서도 곡의 매력을 놀랍도록 살려낸다는 사실이 인상적이다. 기교가 부족하지만 종종 기교파로 분류되기도 하는데 긴장감을 유지하다가 클라이맥스에서는 어떻게든 불꽃이 튀게

만들기 때문이다. 그러고보면 기교란 단순히 흠결없이 치는 게 아니라 곡의 긴장과 이완을 적절히 활용하여 듣는 이가 음악에 몰입할 수 있게 하는 능력인 것 같다.

라틴어에 "Ars est celare artem 아르스 에스트 첼라레 아르템" 라는 말이 있다. 이것은 "진정한 예술이란 기술을 감추는 것"이라는 의미이다. 진정한 예술은 기교나 솜씨를 필요로 하지만 동시에 그것 자체를 자랑하지는 않으며 오히려 은밀하게 숨기고 있다. 로마 시인 세네카 Lucius Annaeus Seneca, BC4 ~ AD65의 말처럼 모든 예술은 자연의 모방 옴니스 아르스 나투레 이미타티오이기 때문일까? Omnis ars naturae imitatio est 어쨌든 기계적인 완벽함과는 거리가 멀지만 깊은 감동을 주는 코르도의 예술은 이 말의 의미를 보여주는 사례처럼 보인다.

대학에서 가르치는 일을 하는 필자는 요즘 코르도마냥 강의 중에 실수를 자주 한다. 말이 자꾸 꼬이고 중요한 인명이나 연도도 생각이 안 날 때가 많다. 그 이유는 정확히 모르겠지만 내게도 코르도처럼 이런 것을 다 상쇄하고 남는 영감과 본질적 기교가 있으면 좋겠다.

Thema XXII

수염이 철학자를 만들지는 않는다

Barba non facit philosophum 바르바 논 파칫 필로소품

기독교를 믿지 않는 사람도 수염을 기른 예수 그리스도의 얼굴을 알고 있을 것이다. 그만큼 예수는 길고 멋진 수염을 갖고 있었던 사람으로 흔히 여겨진다. 하지만 이탈리아 라벤나Ravenna의 성 아폴리나레 누오보 성당Basilica di Sant'Apollinare Nuovo에 있는 모자이크화 <오병이어의 기적> 504년작에는 예수가 수염이 없는 모습으로 그려져 있다. 이것은 아직 수염이 자라지 않았던 시기의 모습을 그린 것일까? 이런 그림이 존재한다는 것은 예수를 수염을 기른 존재로 생각하지 않았던 과거인들도 있었다는 사실을 보여준다.

사실 예수가 살았던 로마 시대에는 주로 노예들이 수염을 길렀다고 한다.그가 살던 이스라엘 지역은 당시 로마의 식민지였다. 따라서 노예가 아니었던 예수가 수염을 길렀을 가능성은 그리 높지 않다. 그

가 수염을 기른 모습으로 묘사되는 것은 기존의 로마제국이 무너지고 동로마 제국[비잔틴 제국]이 그 위상을 이어받으면서부터다.[로마는 AD395년에 분열을 겪고 기존 서로마 제국과 동로마 제국으로 나뉘어졌다.] 동로마제국에서는 일반적으로 지배계층과 귀족들이 수염을 길렀으며, 그때부터 사람들은 이런 인식에 맞춰서 예수를 수염이 있는 모습으로 그리기 시작했다. 자신들이 숭앙하는 대상에게 그에 맞는 외적인 모습을 부여하려고 한 것이다. 물론 당시의 사회적 통념에 따라서 말이다.[예수의 수염의 변천에 관한 내용들은 《세상의 모든 지식》(김흥식 지음, 서해문집, 2015)을 통해 알게 된 것임을 밝힌다.]

라틴어에 "Barba non facit philosophum[바르바 논 파킷 필로소품, 수염이 철학자를 만들지 않는다]"라는 말이 있다. 수염을 길러 철학자의 근엄한 외모를 흉내낸다고 해서 철학자가 되는 것은 아니라는 의미이다. 비슷한 맥락에서 "Cucullus non facit monachum[쿠쿨루스 논 파킷 모나쿰, 수도복이 수도사를 만들지는 않는다.]"는 말을 사용할 수도 있다. 큰 건물을 짓고 건물에 커다란 종교적 상징물을 붙임으로 자기 신앙의 능력을 보이고 싶어하는 사람들이 있다면 이러한 말들에 귀기울여야 하지 않을까. 자신이 믿는 가치나 신념 체계가 있다면 무엇보다 그 안에 담긴 정신을 오롯이 실천하는 일에 힘써야 할 것이다. 그것만이 그 신념이 참되다는 것을 드러내 줄 유일한 방법이기 때문이다.

그림으로 보는 라틴어

Barba non facit philosophum
수염이 철학자를 만들지는 않는다.

Cucullus non facit monachum
수도복이 수도사를 만들지는 않는다.

Thema XXIII

잠은 죽음의 모방이다

Somnus est imago mortis 솜누스 에스트 이마고 모르티스

학창시절에 학교에서 여행을 가면 항상 잠자는 일이 문제였다. 먼저 잠든 친구의 몸에 다른 친구들이 장난을 저지르는 경우가 허다했기 때문이다. 그래서 수학여행 기간에는 할 수 있는 한 늦게 잠들거나 아예 잠을 자지 않으려고 하는 친구들도 많았다. 장난의 희생양이 되는 것이 너무 싫어서 그랬던 것이다. 그러고 보면 잠이 든다는 것은 일종의 무장해제와도 같다. 누군가 자신을 해칠까봐 걱정하는 상황에서는 잠이 들 수 없기 때문이다.

어쩌면 잠이란 세상에 대한 일종의 의존 행위일 수도 있다. 잠을 통해 우리는 무장해제의 상태가 되어 세상의 품에 안겨서 다시 깨었을 때 살아가기 위한 힘을 공급받는다. 아무리 의지적이고 독립적인 삶을 표방하더라도 인간은 근본적으로 의

존적인 존재라고 할 수 있다. 어느 누구도 잠들지 않거나 잠으로부터 공급받지 않는다면 살아갈 수가 없다는 점에서 그렇다. 잠에게는 이렇게 인간의 실존을 규정하는 면이 있다.

라틴어에 "Somnus est imago mortis솜누스 에스트 이마고 모르티스, 잠은 죽음의 모방이다"라는 문장이 있다. 이것은 잠을 통해 우리가 죽을 때와 같이 전적으로 무력해진다는 의미이지만, 동시에 잠을 통해 우리가 자신을 세상에 전적으로 내어맡긴다는 의미이기도 하다. 오직 이렇게 자기를 맡기는 과정이 있어야만 우리는 깨었을 때 또다시 살아갈 수가 있는 것이다. 앞으로는 잠드는 순간마다 자신이 잠들 수 있다는 사실에 감사의 마음을 가져보는 것이 어떨까.

Thema XXIV

천천히, 서두르라!

Festina lente 페스티나 렌테

커다란 시계박물관으로 유명한 폴란드의 옝제유프 Jędrzejów 라는 동네에 가면 "Festina lente 페스티나 렌테"라는 문구가 쓰인 집채만 한 시계탑을 볼 수 있다. 그외에도 이 "Festina lente" 라는 문구는 종종 책들 속에서 토끼가 거북이나 달팽이의 껍질을 등에 지고 있는 이미지와 함께 등장한다. 혹은 날렵한 돌고래가 거대하고 묵직한 닻을 휘감고 도는 이미지와 함께 나타나기도 한다. 토끼와 달팽이는 상당히 대립되는 이미지를 갖고 있는 캐릭터들이 아닌가? 날렵한 물고기와 묵직한 닻도 마찬가지다. 대체 이 문구의 의미는 무엇일까.

"Festina lente"란 르네상스 시기의 대학자 에라스무스 Desiderius Erasmus, 1466~1536 가 쓴 《격언집 Adagia》에 나오는 수많은 격언들의 중의 하나로, 본래는 제정 帝政 로마의 첫 황제였던 아

우구스투스[옥타비아누스]의 좌우명이었다고 한다. 아우구스투스는 로마의 영웅 카이사르가 암살당한 후 그로 인해 발생한 내전과 각종 혼란을 종식시키고 로마 제정을 연 첫 번째 황제이다. 주도면밀하면서도 전광석화 같은 행동으로 어지러운 정국을 수습한 후 로마를 번영과 풍요로 가는 길에 올려놓은 사람인 것이다. 그의 좌우명인 Festina lente는 “천천히, 서두르라[Make haste slowly]”는 의미다. 앞뒤가 모순적인 내용이지만 무슨 일이든 단순히 성급하거나 신중하기만 하면 제대로 할 수 없다는 것을 생각하면 이 말의 의도도 이해가 되는 것 같다. 무슨 일을 할 때든지 신중하면서도 민첩하게 행하는 것이 최선의 길인 것이다. 이 격언은 중세 이탈리아의 유력가문인 메디치 가[Medici family]의 모토이기도 했을 정도로 후대에까지 호소력을 가졌으

며, 에라스무스의 격언집을 출판했던 이탈리아의 출판업자 알두스 마누티우스 Aldus Manutius, 1449~1515는 이 Festina lente의 정신을 담고 있는 '닻과 돌고래' 문양을 아예 출판사 로고로 삼았다. 격동하는 물결 속에서도 배를 고정시켜 주는 묵직한 닻과 그 주위를 경쾌하게 헤엄치는 돌고래를 통해 이 격언의 정신을 표현하고자 한 것이다.

라틴어에는 "서두르다 페스티나레"라는 의미의 festinare 현재 1인칭 단수 festino라는 동사가 있다. 즉 "festina"라는 말은 이 동사의 명령형[서둘러라!]인 것이다. 그리고 “lente”는 “천천히”라는 의미의 라틴어 부사이다. 주로 이탈리아어로 된 클래식 음악 용어들 중에도 “천천히”를 의미하는 lente가 있다. 이 lente처럼 오직 부사로만 쓰이는 단어들도 있지만 전반적으로 라틴어에서는 형용사에서 어미만을 바꿔 부사를 만든다. 예를 들어 “똑똑하게, 박식하게”라고 말하려면 “똑똑한[독투스]”이라는 형용사 doctus-a-um 이라는 단어의 어간에 -e를 붙여서 docte라고 하면 된다. 이것은 1, 2변화 형용사를 부사로 만들 때의 경우고, 3변화 형용사를 부사로 만들 때에는 어간에 -iter를 붙여서 만든다. 한번 “겸손한[후밀리스]”이라는 의미의 3변화 형용사 “humilis, e”를 활용하여 “겸손하게”라는 부사를 만들어 보자. 정답은 humiliter이다.

라틴어 공부를 할 때는 그야말로 Festina lente의 마음가짐으로 해야 한다. 중간에 하루 이틀 쉬어가면서 공부하면 능률이 전혀 오르지 않으므로 기간을 정해놓고 단기간에 바짝 공부해야 한다. 그러나 단순히 성급한 마음을 가져서는 안된다. 라틴어 문법은 생소하고 복잡하기 때문에 아무리 머리가 좋아도 단번에 숙지하는 것은 불가능하며 그런 욕심을 갖고 있다면 답답함을 자주 느껴 오히려 중도에 포기하기 십상이다. 한 걸음씩 천천히, 그러나 서둘러서, 라틴어를 공부하려는 자세가 필요하다.

천천히, 서두르라!

라틴어로 배우는 인생

초판 1쇄 2022년 6월 7일 **초판 1쇄 발행** 2022년 6월 20일

지은이 권혁상
펴낸이 김지은

크리에이티브 디렉터 북베어 **경영관리** 한정희 **일러스트** 양민주 **마케팅** 김도현

펴낸곳 자유의 길 **등록번호** 제2017-000167호
홈페이지 https://www.bookbear.co.kr **이메일** bookbear1@naver.com

ISBN 979-11-90529-18-1 (03790)

자유의 길
Media Contents Group

길은 네트워크입니다. 자유의 길은 예술과 인문교양 분야에서 사람과 사람,
자유로운 마음과 생각, 매체와 매체를 잇는 콘텐츠를 만듭니다.